天津市社区社会工作实务指导丛书

社区社会工作案例选编

民主协商篇

SHEQU SHEHUI GONGZUO ANLI XUANBIAN

MINZHU XIESHANGPIAN

天津市社会工作协会 编

中国社会出版社

国家一级出版社·全国百佳图书出版单位

图书在版编目（CIP）数据

社区社会工作案例选编·民主协商篇／天津市社会工作协会编．—北京：中国社会出版社，2017.3
（天津市社区社会工作实务指导丛书）
ISBN 978-7-5087-5586-1

Ⅰ.①社…　Ⅱ.①天…　Ⅲ.①社区—社会工作—案例—天津　Ⅳ.①D669.3

中国版本图书馆 CIP 数据核字（2017）第 022750 号

丛　书　名：天津市社区社会工作实务指导丛书
书　　　名：社区社会工作案例选编·民主协商篇
编　　　者：天津市社会工作协会

出　版　人：浦善新
终　审　人：王　前
责任编辑：张　迟　　　　责任校对：董凯丰

出版发行：中国社会出版社　邮政编码：100032
通联方法：北京市西城区二龙路甲 33 号
电　　话：编辑室：（010）58124856
　　　　　销售部：（010）58124850
网　　址：www.shcbs.com.cn
　　　　　shcbs.mca.gov.cn
经　　销：各地新华书店

中国社会出版社天猫旗舰店

印刷装订：中国电影出版社印刷厂
开　　本：170mm×240mm　1/16
印　　张：14.25
字　　数：213 千字
版　　次：2017 年 3 月第 1 版
印　　次：2017 年 8 月第 2 次印刷
定　　价：43.00 元

中国社会出版社微信公众号

前言 PREFACE

社会工作是一门科学，也是一门专业，其目的在于协助人们解决其个人、群体（尤其是家庭）、社区的问题，以及运用个案工作、小组工作、社区工作、行政和研究等方法，促使个人、群体和社区之间的关系达到满意的状态。

为了更好地帮助广大社区社会工作者尽快掌握科学、专业的助人技巧，提高社会工作人员职业素质和专业水平，天津市社会工作协会联合全市各区民政部门，成立编委会，收集整理基层社区工作人员开展工作的亲身事例、工作经历、创建项目等，通过层层筛选、择优录用，汇编形成一套“天津市社区社会工作实务指导丛书”。

本套丛书分为三个部分，共6册。第一部分为社区社会工作典型案例，包括《社区社会工作案例选编·民主协商篇》《社区社会工作案例选编·为民解困篇（上下）》《社区社会工作案例选编·处理纠纷篇》《社区社会工作案例选编·精神文化篇》4册；第二部分为最暖心社工故事，《最暖心社工故事选编》1册；第三部分为最具影响力社工项目，《最具影响力社工项目选编》1册。

本书内容均为专业社工、社工机构或服务对象亲身经历的实务案例，内容真实。同时，本书在理念、技巧、方法和问题解决方面都较好地体现了社会工作的专业性、理论性和创新性，具有很强的示范性和借鉴性。

目录 | CONTENTS

协商议事　破解居民吃水难

王子美

一、企业产权房屋自来水管维修成难题

福方里社区平仪里 2 号楼是老式二层楼，有 8 户居民。

此楼属于企业产权，由于企业解体造成房屋常年无人维护，经年累月的使用，房屋内部的设施老化，尤其是自来水管的老化，除了水流小还经常停水。居民只能前往超市购买饮用水，这对老年人造成的困扰更大，不仅身体吃不消，还增加了经济负担。居民们曾经找过多个部门，但都没有得到满意答复，居民们对此焦急不已。

二、民主协商，群策群力

（一）高效解决企业产权楼房吃水难问题

居民们来到居民委员会，希望能够帮助他们解决用水难题。居民委员会工作人员本着协商于民、协商为民的原则，向居民们详细了解平时用水、出水情况，并到居民楼中和居民的家中实地查看。接着居民委员会召开民主协商会议，会上居民们踊跃发言，详细地说明了情况，使得问题汇总工作非常顺利。接下来居民委员会积极联系维修部门更换修理老化水管，居民们也踊跃献计献策，和居民委员会工作人员一起商量着从哪里着手施工、楼里的哪些部位在施工时应注意做好保护等。居民们还推选出了 4 名代表和居民委员会工作人员挨家挨户地走访，说明情况，并且集资，最后决定在治安大街 12 号楼安装水表。由于有的居民是双职工，白天家中

无人，居民委员会工作人员在下班后找到他们，经过面对面交流，只用了两天时间就走访了 8 户居民，就这样高效地将困扰住户多年的用水难题解决了。

（二）积极破解产权混乱房屋的用水难题

旧楼改造后自来水问题还存在于社区平房片，如多伦道、治安大街等，这些房屋多为 20 世纪 30 年代建造的老旧房屋，设施老化，产权关系复杂，最影响生活的就是正常的用水无法得到保障。另外，到了冬季，水管被冻裂，自来水流到地面上结冰，行人很容易滑倒。居民多次找到房管站，可是该片产权关系复杂。企业产权的原企业如今已经不存在，房管站也无法解决。多伦道、治安大街居民选出代表到居民委员会求助。在了解情况后，福方里居民委员会曾多次找到自来水公司请其免费为该片居民维修水管，可是由于设施太老，简单地修理之后，水管依旧会冻裂，不能从根本上解决问题。

2015 年冬季，几次大幅降温更是将自来水管彻底冻坏，导致居民无水可用。居民无奈之下再次找到居民委员会，而且情绪很激动。居民委员会工作人员心里很委屈，他们为了这事跑断了腿，对居民的心情感同身受，也为居民的用水问题感到焦急。于是居民委员会工作人员先安抚居民，然后马上找到房管站、自来水公司和居民代表召开民主协商会议。会上大家分析了该地区自来水管分布情况，认为要想从根本上解决问题，就需要统一更换新的自来水管。经过商议，最后决定由居民委员会负责做该片居民的动员工作。首先，该片区属于“三不管”地区，维修经费有限，自来水公司承担了一些维修费用，需要所有居民同意签订协议才能动工。其次，由于有些居民已经把房屋出租，需要联系上房主才能动工。经过管片主任和居民代表的挨户走访、打电话，终于使所有居民都在协议书上签了字。经过一系列准备，社区网格员带着自来水公司的工作人员对该片 26 户居民一一走访，并逐一进行登记。然而，由于冬季无法施工，居民委员会让居民到居民委员会接水使用，并为居民用水提供方便。

转年春天，管片主任协同自来水公司人员再一次与居民协商维修时间，决定 3 月 21 日前后更换水管。3 月 23 日施工正式开始，经过一星期的施工，困扰居民多年的自来水问题终于得到解决。

三、民主协商，促进自治

通过进行社区民主协商，破解居民生活中的难题，社区工作人员深深感到只有坚持平等和公开的原则，通过制定社区民主协商规则，不断完善关于社区事务民主协商的议事规则，协商过程才会严谨有序。让居民参与进来，为自己的事情出谋划策，制定协商清单，社区协商事务才能符合居民的诉求。按照社区自治的原则，还社区自治的“本来面目”，完善组织制度，营造浓厚的协商氛围，进一步推动社区民主协商向着规范、健康、有序的方向发展。

（作者单位：和平区南市街道福方里社区）

民主协商　解燃眉之急

李世菊

新世界花园小区坐落于天津市和平区南市地区慎益大街以北，东邻荣业大街，西邻庆善大街，南邻慎益大街，北邻闸口街，是南市地区开发较早的高档社区。自开发至今已有十多年的时间，虽然外观还比较新，但是内部硬件设施老化，不如意的事情常常发生。

一、背景介绍

2015 年 8 月 7 日早上，九号楼的刘大爷正准备出门，当他推开楼栋防盗门时，意外发现门前有一大块东西散落在地上，顿时被吓了一跳。这块东西是哪里来的？随后楼内其他居民也好奇地过来围观。大家看看四周，也没发现什么异常，但是抬头一看，隐约感觉这块散落物好像是从楼上掉下来的。大家心里顿时打了一个寒战，心想多亏是发生在夜间，如果赶在楼内进出人多的时候掉落，恐怕就危险了。

二、多方协商，共解难题

社区居民委员会在得知后立即派出了工作人员到实地进行查看、拍照，并向周围居民了解具体情况，详细记录下当时的场景，安慰受到惊吓的居民。物业公司也立刻派人到九号楼进行排查。经过调查，发现散落的东西是楼顶脱落的外檐，从 16 层楼顶掉落到地面会产生强大的冲击力，对居民的人身安全构成了很大的威胁，严重影响了居民的日常生活及人身安全。解决问题刻不容缓。但外檐的维修，不属于物业公司免费维修的范围，而且还涉及专用款项的问题。究竟应当动用哪部分资金进行维修？这个疑问困扰着物业公司，一时不容易解决。为了防止维修前再发生意外，居民委员会先采取了一些防范措施，派人把九号楼脱落的散落物周边维护起来，避免行人从此经过，然后利用小区 LED 宣传屏，打出安全宣传通知，提醒小区居民出行注意安全。接下来，居民委员会积极想办法与物业公司商讨维修资金使用和维修外檐的问题。

由于外檐的维修不属于物业公司免费维修的范围，这就要使用小区的维修资金。物业公司需要落实的是动用应急资金还是使用大维资金，并且是否还要征得其他楼栋业主的同意。就在当日，由社区居民委员会牵头，组织物业、业委会、九号楼居民代表等各方人员坐到了一起协商。业委会提到使用资金，需要业主的同意，这就需要一定的时间。两天后又有一块屋顶外檐脱落，此时九号楼的居民强烈要求马上维修，可此时的维修资金还没有最终确定，外檐脱落就像是一颗定时炸弹。关键时刻，社区居民委员会再次牵头，组织物业公司、业委会等成员再一次协商解决方案。考虑到居民的人身安全，最终决定先解决最棘手的问题，由物业公司先使用应急维修资金，解决居民的燃眉之急，保障居民人身安全。会后物业公司维修人员加班抢修，在事发的第五天终于将九号楼外檐抢修完毕，社区居民的生命财产安全得到了有效保障。

三、协商成效显著

社区民主协商是用群众商议的方式来解决群众身边的事，民事民议，民事民办，民事民决，负责人是民主协商委员会的组织者而非决策者，引导、指导不包办，避免出现以简单的行政手段代替居民协商共议的情况；在服务理念上，实现了由“为民做主”向“让民做主”的转变；民主协商有效地将社区公共事务问题解决在基层，把社区“两委”从繁杂的事务中解脱出来，在服务方式上实现了由“大包大揽”向“自我管理”的转变，民主协商提升了群众的满意度，在社区服务成效上实现了由“一方满意”向“多方共赢”的转变。社区民主协商是在以公共利益的实现为目标、以居民参与为主体、以公共协商为核心、以平等理性为保障基础上的一种民主形式。外檐抢修问题之所以能够在短时间内解决，关键是社区居民委员会的组织引导、居民们的积极参与、辖区单位的有力配合、共商共议的结果。

（作者单位：和平区南市街道新世界花园社区）

共商共议　打造特色楼门文化

李世菊

新世界花园社区于2003年开盘入住，是一个高档小区，小区内环境幽雅，居民和睦友好。

一、背景介绍

新世界花园小区共有49个楼门，2015年9月之前已经完成了46个楼门的特色楼门创建，社区决定将剩下的3个楼门在年底之前创建成特色楼门。在居民们的积极参与和热情配合下，年底前49个楼门全部完成特色楼门的创建，每个楼门内都有精心布置的不同风格的宣传画，均根据各个楼门内居民的特点及事迹量身定制，使每一个楼门都焕发了生机与朝气。

二、共商共议，发掘楼门特色

为了使社区楼门风格既整体统一，又呈现出不同特色，社区居民委员会于2015年9月初组织这3个楼门的楼长、居民代表和业委会代表召开了协商会议，针对在特色楼门创建过程中存在的问题进行讨论。代表们对创建特色楼门表达了自己的观点并预估了创建时可能遇到的困难。居民委员会逐一分析代表们提出的问题，社区工作人员发挥各自优势，提出了切实可行的解决方案。例如选择布置材料时，尽量选择材质轻便、不用打眼的材质布置上墙，这样可以保护墙体。布置内容一定要有创意，要接地气，让大家喜闻乐见。同时提出物业要配合，共同查勘一楼大厅的墙体，选择合适的位置进行布置。针对设计风格，居民委员会邀请居民代表一同商讨，力求在突出特色的同时，最大化地满足居民需求，争取把楼门创建成具有南市特色的社区品牌。

2015 年 9 月底由居民委员会牵头再一次召开了民主协商会议，在会上共同商讨了特色楼门的创建方案及具体操作办法。居民委员会针对居民之前提出的问题分别作了解答，并听取代表对方案的意见，进行调整修改，最后将成熟的方案拿到协商会议上向参会代表们陈述。参会代表们对方案非常满意，最终达成一致。

三、同心协力，落实协商决议

接下来就是紧张的布置过程，布置环节热闹而且温馨，大家齐心协力，有的负责构图设计，有的负责采买，有的负责装饰。看到楼门一天一个样子，大家开心极了。像布置自己的家一样小心翼翼，发现有不满意的地方就会拆下来重新装饰。在楼门外悬挂楼门牌匾时，需要外接电源在楼外墙打眼，居民委员会本以为电源接到谁家都不太愿意。正在工作人员思考如何说服大家时，却意外得到了许多居民的大力支持，争着要接自家的电源，充分体现了“社区是我家，爱护靠大家”，为了共创社区美好明天大家一起努力奋斗贡献的心愿。

四、民主自治，推进社区和谐建设

在一个多月的时间里，在大家的共同努力下，新世界花园社区的 49 个充满着各自特色的楼门终于全部创建完成。每到一个楼门，看到居民们自己布置的样式，就会领略到这个楼门的特色与故事。特色楼门的创建，是建设社区文化阵地的重要组成部分。特色楼门反映出了社区的文化氛围，凝聚了浓郁的文化气息，让居民体验到了楼门大家庭的温暖与关爱，激发了大家的热情与希望，拉近了大家的距离。

通过民主协商，共建特色楼门为社区更好地实现民主自治提供了一个平台，确保社区工作有序进行，促进了社区的稳定，推进了社区各项工作的顺利开展。在社区共建中发挥众人的智慧，通过民主协商，发挥群众的主观能动性，激发他们自主建设和管理社区的热情，共同推进社区建设的起步和发展，共同营造和谐的社区环境，这也是我们从事社区工作的期望。

（作者单位：和平区南市街道新世界花园社区）

协商共建聚合力　恢复用水解民忧

王康芬

南市街道食品街社区居民委员会始终以社区民主协商为抓手，调动居民参与社区公共事务的积极性，激发辖区单位的共建热情，运用科学、民主的方式，共同解决好涉及居民切身利益的问题，以民生促民主，以民主促民生，最大限度地保障居民的知情权、参与权、表达权和监督权，实现社区的和谐稳定。

一、公用水表引发的困扰

南市街道食品街社区内的荣庆园小区由三栋楼构成，其中3号楼共有房屋88套，有80套房屋是公司办公用房，只有8套是居民住户。这三栋楼没有独立水表，均使用公用水表，而且小区自来水缴费方式也不统一。1、2号楼是通过智能卡计量计费，需要预付水费，而3号楼是由自来水公司派人查水表后携带缴费单到银行缴纳水费。2010年，开发商八个股东出资将1、2号楼的底商（1~2层）与楼上住户（3~6层）的水表分开，为3~6层的住户安装了独立水表，而3号楼底商与楼上（3~6层）仍共用一个水表（自来水公司的水表）。

因开发商的遗留问题，导致了3号楼的用水纷争。尽管3层至6层各住户房屋内也有水表，但居民实际用水量与公用水表上的数额经常有出入，并出现了亏水的现象。居民们认为亏水不是自己造成的，不愿意负担多余的水费，因此造成了水费的拖欠。自2012年3月至2013年5月，3号楼累计拖欠水费和滞纳金1.3万多元，为此自来水公司于6月底下达了水费欠费停水通知。

二、多方协商，为民解忧

社区居民委员会在了解相关情况后，认为当时正值夏季用水高峰期，一旦停水势必造成3号楼居民和单位无法正常地生活和经营。为了能够及时解决3号楼居民用水问题，居民委员会及时将此情况向区、街道有关部门汇报。南市街道办事处领导得知此事后十分重视，组织人员帮助协调。最终，经过街道办事处、社区居民委员会等部门的多方协调，自来水公司终于同意减免滞纳金4万元，但是必须在规定期限内将拖欠的水费补齐。

在多方协调下，小区的物业公司开始向3号楼住户收取欠缴水费。但很多居民不了解具体情况，不理解缴费原因，对物业公司的收缴工作并不配合。社区居民委员会得知此情况后，与物业公司召开议事协商会议，共同商议解决办法，努力帮助、配合物业公司收缴欠费。社区工作人员陪同物业公司员工一起入户耐心做好动员工作。有的居民白天家中没人，他们就下班后到居民家中走访，为居民讲解具体情况。遇到不理解的居民，就一次次地入户，耐心细致地为居民解释原因，苦口婆心地说明停水的利害关系，劝说居民尽快补缴欠费。最终，在社区居民委员会和物业公司的不懈努力下，拖欠一年多的水费在规定时间内收齐并上交自来水公司，及时地恢复了居民用水，为3号楼全体居民解决了燃眉之急，切实保障了小区居民的正常生活和单位的正常运营。事后，物业公司多次到社区居民委员会表示感谢，感谢居民委员会急居民之所急，帮物业公司之所需，脚踏实地为社区居民解决实际困难。此外，物业公司还表示今后将加大对社区居民委员会工作的支持，努力配合居民委员会共同将小区建设好。

三、共建共议，建设和谐社区

社区工作千头万绪，要做好民生工作，使居民安居乐业，需要社区工作人员有一颗爱民为民之心，有全心全意为人民服务的决心，有细致周到服务的耐心，想居民之所想，急居民之所急。同时，社区工作人员还要强化协商共建的意识，坚持共建共议的原则，勤走访调研、多商量议事，凝聚各方的合力。严格落实民主协商议事制度，把民主协商作为社区工作的重要方法，为社区居民和单位搭建公开、公平的社区公共议事平台，高效处理社区公共事务中遇到的各种问题，避免社区居民委员会“一言堂”现象的发生，实现科学决策、民主决策，从而更好地推进和谐社区建设。

（作者单位：和平区南市街道食品街社区）

服务群众敢于碰硬　消除顽疾社区更美

梁金凤

天兴里社区地处和平区营口道与昆明路交会处，辖区总面积约 8 万平方米。其中包括贵阳公寓一处与天兴里、文善里两处居民楼群，共69 个楼门，1538 户，常住人口 4689 人，社区党员 140 人，老年人 1086 人，残疾人 157 人，享受居家养老服务 86 人。天兴里社区共有 19 个社区单位，其中市属单位 1 个，区属单位 1 个，无上级主管单位 17 个。

一、背景介绍

作为一个 1976 年地震后建成的老社区，经过多年的风吹日晒，楼体内外损坏严重。2013 年进行了为期一年的旧楼区改造，整改后的天兴里社区，楼面整洁，楼道干净，甬道美观，受到居民的好评。但是停车难问题随之凸显出来。在 2014 年十一长假期间，部分车主为了一己之便，在房前屋后、甬道旁和公共用地私安地锁，很快跟风效仿使地锁丛生。地锁锁住少数车主的私利，更锁紧了多数居民的心。

二、迅速应对居民需求，快速介入服务目标

（一）安装地锁问题分析

接到居民反映安装地锁的电话，社区主任不顾在假期中，立即召开社区“两委”会议，商讨居民成片安装地锁的原因和解决办法。大家认为有以下原因：

1. 随着居民生活水平逐年提高，汽车已经进入寻常百姓家，本小区位

于和平区中心地段，小区内比其他新建小区空间少，而周边停车场停车价格高，居民不愿在停车场停车。

2. 旧楼区改造后，整片绿地整齐，有了空地，适合停放车辆，部分居民担心别人停车后自己无处停车，就安装了地锁，导致其他居民跟风仿效，造成了地锁丛生。

3. 由于靠近滨江道繁华区和宝鸡道花鸟鱼虫市场，部分外来车辆停进小区，占用了居民的停车位，引起居民的反感，这也促成了一些人安装地锁。

4. 由于居民在小区花园周边安装了地锁，容易造成老人和孩子摔伤的事故。

（二）解决问题计划和步骤

1. 社区党委及时向上级领导汇报，征得街道领导和有关职能部门同意，表示了拆除地锁的决心并提出解决办法。

2. 召开社区“两委”扩大会议，向居民骨干说明事情发生的前因后果，以及社区“两委”拆除地锁的决心和解决办法。

3. 及时和佳立洁物业联系，物业派出主管和社区一起参加居民民主协商会议。

4. 召开楼门院长、党员骨干、片警和小区车主参与的征求民意社区议事协商会议。会上大家群策群力，制订解决方案，明确了拆除地锁的时间。针对居民情况不同，采取不同的方法拆除地锁。

三、方案实施过程

（一）10 月 8 日开始，做好宣传动员工作

张贴通知，宣传安装地锁的危害性，提出安装地锁违反了《中华人民共和国物权法》的规定，侵犯了其他居民的合法权益。

（二）动员居民共同参与，引起居民广泛共鸣

在召开议事协商会议和调查走访基础上，召开了社区居民代表大会、

社区党建研究会、驻社区单位意见会。进一步听取大家意见，居民要求拆除地锁的呼声非常强烈。对于社区内大部分车主提出的停车难和非本小区居民车辆停进小区，挤占车位等问题，通报了议事协商会议研究的解决办法和改进措施，得到了广大居民的理解和支持，也得到了社区单位的配合。

（三）拆除地锁的过程

经过充分沟通，反馈多数群众意愿，讲明实施方案，体现共驻共建决心。居民们感受到了社区党委拆除地锁的决心，积极配合社区工作人员连续奋战 11 天，共拆除地锁 115 个（其中居民自拆 39 个），群众拍手称快，称赞我们是敢于碰硬的勇士。

（四）针对强烈反应采取措施

针对个别不配合、甚至谩骂恐吓社区工作人员的车主，由社区议事协商会成员中的片警、物业、志愿者，以及社区工作者一起入户做耐心细致的思想工作，解除了居民疑虑，顺利、统一拆除了地锁。

（五）拆除地锁后的管理措施

1. 对社区车辆重新登记造册，补充登记了漏户车辆。

2. 制作了出入证，在小区两个进出口安装了挡车器，对来走亲访友的车辆进行出入登记。

3. 由物业公司的人员和社区志愿者共同执勤，管理车辆进出，实现居民参与共同管理。

四、借助媒体宣传拆除地锁

社区拆除地锁期间，多家媒体对此进行了报道，宣传了社区“以人为本”的工作理念，共同协商社区事务的工作形式，充分发挥居民自治的方法和治理社区的工作作风，营造了良好的社会氛围。

五、做好跟踪和长效治理工作

（一）跟踪服务发现问题

通过大量艰苦细致的动员和准备工作，社区解决了抢占车位、乱停车问题，但居民汽车拥有量还在不断增加，这就要从解决车位供给不足这一源头上想办法。经过调查研究发现，只能在调整改造小区花园、扩大楼间空地上做文章。

（二）民主协商会议解决问题，做好长效管理

起初，许多居民怕小区绿化面积减少，不同意改造小区花园，有的还悬挂标语表示抗议。社区居民委员会从实际出发，走群众路线，入户走访，再次召开社区议事协商会议、居民代表会，征求大家意见，提出在不牺牲和减少绿化的前提下拿出好的设计方案。方案拿出后，解除了居民疑虑，终于在 2015 年初春如期开工。经过合理设计与改造，新增停车位 35 个，使小区能容纳停放汽车达 150 辆。小区花园比以前更实用，还增建了残疾人专用道，实现了对居民群众的庄严承诺，更体现出社区坚持民主自治、议事协商制度对社区工作的重要性。我们在硬件建设上取得重要突破后又再接再厉，继续在管理上下功夫。大力支持佳立洁物业公司实施车辆登记、配证准入管理，对外来车辆进行有效管控。在社区规范化建设与管理、社区民主自治等方面大胆探索，迈出坚实步伐。

六、民主协商服务成效与反思

现在的小区整洁有序、环境优美、邻里和谐。在居民眼中，已经居住了近 40 年的旧楼区，宜居度赶上甚至超出商品房物业小区。每一个决策、每一项工作、每一次活动，社区都坚持一切从居民的利益出发，从居民的需求出发，与居民同协商共发展。

在长时间的社区管理实践中，我们感到实行规范管理、民主决策、民主监督是提高社区工作质量的必然要求，增强居民信任度，增强社区工作

人员责任意识是建设美丽社区的必要条件。社区积极发展志愿者团队、党员团队、文化团队；发动各团队参与社区建设，拓展社区服务，支持楼长积极主动解决楼门中大小问题，实行“小领导，大集体”，贯彻执行民主自治，人人都是社区的主人。

社区坚持在核心、合力、和谐上下功夫，社区班子团结奋斗，民主自治水平不断提高，辖区和谐稳定，居民安居乐业，大家齐心协力，向着文明、美丽、宜居社区迈进。

（作者单位：和平区南营门街道天兴里社区）

拆除私装地锁　社区安全和谐

张庆鸣

世昌里社区位于和平区南营门街中部，辖区面积0.03平方千米。常住人口2231户，7028人，管辖范围包括世昌里、复元楼、吉星北里、景阳里、松月邨、兴润公寓，共6个小区，属于老龄化小区。

一、案例背景

随着居民私家车越来越多，人们在享受交通方便与快捷的同时，随之而来的就是老旧小区停车空地少停车难的问题。加之不断有外来车辆，与居民争抢停车位现象加剧，于是部分居民们开始在社区内私装地锁，有的甚至堵塞了消防通道。居民们私装地锁不仅占用了公共土地，还给大家的正常出行带来不便，带来很大的安全隐患。

二、主要做法

私装地锁问题已成为影响社区居民生活的热点问题，2014年年初，世昌里社区多次召开议事协商会议、居民代表会议，共同协商解决社区地锁以及车辆管理问题。社区居民就私装地锁问题踊跃发言，确定了需要解决的几个问题：（1）社区内单位的车辆较多是本社区的一种特殊情况，如何管理单位的车辆是一个难点。（2）世昌里社区邻近总医院、和平中心小学，外来车辆较多，严格管理外来车辆也是一个难点。（3）希望在改造小区目前格局的同时，拆除地锁，适当减少绿地面积增加停车面积。（4）要求相关执法部门进驻社区，依法拆除地锁。（5）强化物业人员对车辆的监管力度，居民委员会进行监督。

2014 年 3 月，社区居民委员会也多次召开会议研究地锁问题，居民委员会工作人员放弃休假，连续 3 天对全社区的车辆情况、地锁安装进行摸底调查。经过统计，世昌里社区现常住居民拥有的私家车 500 余辆，可停车位约 100 个左右，已装地锁 420 个，需安装挡车器出入口 5 个，并已基本找到地锁的主人。

根据统计结果，4 月，社区再次召开居民代表大会，会同综合执法、派出所等执法部门一起，将地锁整改问题向社区广大居民进行深入宣传，将整改设想在会上公布并讨论，听取居民建议，居民委员会表示将继续本着走群众路线、为百姓服务的精神，尽快解决好社区私装地锁现象，进一步理顺社区车辆管理体制，推进社区管理工作的和谐、稳定、健康的发展。根据会议讨论通过的整改方案立即开展实施。

经过张贴通知、入户动员、社区工作人员带头拆除自家安装的地锁等方式，号召居民自行拆除地锁。但效果并不显著。针对当时的形势，社区又一次组织召开议事协商会议，决定在社区建立一支由综合执法大队、街道办事处和社区居民委员会成员等 20 余人组成的拆除地锁工作队，按照议事协商会议的决定，自 5 月 1 日开始，对尚未拆除的地锁进行拆除。为了保证居民知晓率，社区再一次提前张贴了公告进行告知，并在每一个地锁上贴上告知单，拍照记录在案，做到拆除工作有理有据。每拆除一个地锁，都会标号，并拍照记录下它的具体位置，以便居民取回自家地锁。虽然有少数居民对此不理解，甚至还有个别居民恶言恶语威胁工作人员，但通过议事协商会议成员和社区工作人员耐心、细致地做思想工作，以及绝大部分居民的支持配合，最后还是顺利地拆除了各种地桩、地锁 420 个。

拆除地锁后，社区协调物业，一旦发现哪里有新装地锁，居民委员会首先进行沟通、劝导工作，争取自觉拆除，如果不行，再统一强制拆除。社区议事协商小组也组成了一支巡逻队，每天巡逻，发现情况及时处理。同时，社区还协调园林等有关部门，对社区内绿化进行了重新整合，在不减少绿化面积的前提下，把院内的绿化由片状转变成带状，从而增加停车位置。

三、取得成效

此次拆除地锁，社区采取共商共议，运用协商民主方法引导居民及辖区单位自觉参加到社区建设中来，切实做到社区事务共商共议、共驻共建。地锁拆除后，居民们纷纷表示地锁拆得非常好，此举既美化了道路环境，又消除了安全隐患。

现在社区在主要交通道路上安装了电子挡车器，对小区内车辆进行统一车牌证管理，并在车牌证上印上自家车的联系电话，方便联络；对临时进小区车辆换发临时车牌证管理，其他外来车辆一律不准进入小区，小区环境明显改善。

四、存在的不足和今后打算

由于是老旧小区，周边又有总医院、中心小学等，社区车辆管理还存在一定的困难和漏洞，社区正在积极想办法。下一步，居民委员会要继续抓好工作内容、工作环节的完善与细化，深化居民代表大会、议事协商会等民主协商方法。一方面加强宣传，强化居民的环境意识和主人翁意识，动员居民爱护小区环境，共同参与小区的管理。另一方面加强监督管理。不仅加强对物业工作监督，进一步做好与物业公司的配合，使物业管理真正发挥作用。同时，还要协调有关部门加大对周边环境秩序的治理，解决停车难问题，为社区广大居民群众和社区单位创造一个平安、和谐、美丽的外部环境，让社区成员安居在社区、满意在社区。

（作者单位：和平区南营门街道世昌里社区）

多协商　水畅通

陈世华

和平区南营门街香榭里社区是一个居民居住区和物业小区、公寓小区混合的社区。近年来，社区围绕创建美丽社区、文明社区，以党建为统领，充分发挥党组织的政治核心作用，通过民主协商，组织发动广大党员、社区工作者、居民群众，形成优势互补、资源共享的强大合力，共建美丽社区，探索出一条加强党建工作、强化社区管理、提升社区形象、服务居民群众的有效途径。

一、排水管堵塞困扰居民

香榭里小区多是老旧楼房，设施陈旧，小区自来水水压低、排水管经常出现堵塞等问题困扰着居民。为落实天津市 2015 年 20 项民心工程之一的自来水管改造工程这一“重头戏”，社区工作者深入社区，对每个楼门开展了调研摸底工作。经过走访发现，小区自来水管道锈蚀严重，管道的一般检修维护无法解决根本问题，水压低、水质差等二次供水问题，使居民吃水成为难题。

二、多渠道解决小区自来水问题

改善居民用水条件，保障自来水管道顺利更换，是社区的重要工作。社区本着事由民议，倾听居民心声，掌握社情民意的思路，一方面通过上门走访群众、发放议事征集表，听取群众的意见和建议，并梳理成听证议题。另一方面，多次召开社区议事民主协商会，宣传更换管道的具体事项，多次调研、反复论证，听取民主协商会成员的意见，研究确立了以

“民主管理、民主监督、参政议政”为目标的民主议事新思路，制订了社区更换自来水管道的方案，方案中选择对楼门骨干、志愿者、党员较多的楼门先进行更换，起到垂范的作用。

香榭里 3 号楼 2 门，共 7 层 42 户，是社区内的“大楼门”。由于水管老化，5 层以上水流极小，水锈极多，用水高峰时居民做饭都成问题，夏天也不能洗澡，居民只能买桶装水维持生活用水的基本需求。为了改变这一现状，社区工作人员多次入户，了解每一户的改造意愿。走访发现，该楼门有 2 户低保户，2 户困难边缘户，1 位精神残疾人，1 名 98 岁老人；此外，有将房子当成仓库不需要用水的，有租房户的房主不同意换水管的，有住户不愿意对装修的房子进行破坏的。尤其是一楼居民要求对家中破坏地面进行补偿，补偿金额与其他住户标准不一致，等等。这种种的“特殊情况”导致水管更换无法进行。2015 年 9 月 3 日，该网格的负责人巡视时，发现该楼门 103 室居民正在装修，在与其聊天中得知，这个住户将重新铺地面。我们认为这是一个突破口，于是紧急召开了居民议事民主协商会，在会上我们结合之前社区其他楼门更换自来水管道的经验，针对 3 号楼 2 门的 42 户居民的特殊情况进行了分析，制定了应对措施。由于这个楼门的结构复杂，一楼地面管道的挖刨就需要 2 天，整个更换完成需要 3 天，我们又联系了物业公司，协调了这 3 天居民可在物业公司的水管接水，以此先解决居民用水的问题。

方案达成后，我们将这 42 户居民召集到一起，对租房户、环卫空房和仓库用房我们都联系到房主本人，召开居民民主协商座谈会，向居民普及更换自来水管道的必要性，对一楼需要破坏地面的住户协调补偿费用。其中，该楼门低保户的费用补偿部分我们又联系了人大代表，对其进行了临时救助。前后总共召开了 10 次居民民主协商座谈会，最后居民同意进行更换管道，每层选出一个代表，负责配合楼长收取补偿费用并解决本楼层在管道更换中的问题，安排专人负责跟踪、协调，切实解决“谁来负责办，怎么办落实”的问题，将每一项任务都落实到实处，每一件事情都有人去解决。

随着自来水公司施工的顺利完工，困扰居民多年的吃水难问题终于得到了解决，42 户居民为社区送来了“心系老百姓 为民办实事”的锦旗，对我们工作给予充分的肯定。通过这种形式，社区又解决了银行里 17 楼门、气象西里 9 楼门等 10 余个楼门“吃水难”的问题。

三、民主协商以真情惠民利民

通过此次惠民工程的顺利实施，社区在民主协商的工作实践中又取得了宝贵经验，同时增强了党组织、社区居民委员会的凝聚力。

（一）察民情、解民忧，有效整合资源，发动多方力量，促进了人才、经费、场地、设施、信息等资源的统筹共享，实现资源的优化配置和集约利用，有力提升了社区建设和社区工作的水平。

（二）坚持群众民主协商，以真情服务惠民利民为办事宗旨，定期召开居民民主协商座谈会，通过多种形式征求意见，了解居民所需所盼，深入持久地解决居民日常生活中的困难，让居民群众切实感受到民主协商共建的卓越成效。

社区民主协商倾听民意，关心民生，得到了广大居民的普遍认可。这一形式也为社区实现居民自治提供了一个平台。通过民主协商确保居民自治工作有序进行，畅通了群众意见表达，落实居民群众的主人翁地位，从而形成民主发展与群众支持良性互动的局面，促进社区社会稳定，推动社区各项工作的顺利开展，为建设和谐社区作出更大的贡献。

（作者单位：和平区南营门街道香榭里社区）

健全民主协商机制　凝聚合力服务群众

李　静

竞业里社区辖区面积96000平方米。北起绵阳道沿康定路至鞍山道，南起营口道，东起昆明路，西至新兴路。社区总户数1981户，总人数5924人。其中老年人1283人，青少年418人，残疾人107人，自管党员280人。暂住人员（登记）177人。低保户69户，贫困户15户。拥有各类文化团队5支，于2004年成立了社区之家。辖区有单位17家。

一、民主协商解决停车难问题

竞业里社区在2013年提升改造后，社区停车问题便成为社区管理中的难点，外来车辆进入社区停放、占有社区公共资源现象比较严重。为化解矛盾，合理使用社区有限资源，社区居民委员会多次组织楼长、骨干等召开议事协商会议，共同讨论破解难题的方法。在协商会议上，居民委员会先将调查摸底情况向大家进行了详细的介绍，对存在的问题进行说明，征询大家对解决小区停车管理的意见和建议，并对小区安装电子倒杆蓝牙系统的可行性进行讨论。会上，大家各抒己见，集思广益，制订方案，对小区管理发表了意见，纷纷献计献策。为了给居民提供更好的出行环境，消除安全隐患，有更好的环境秩序，大家建议拆除地锁。随后社区组织居民对社区安装电子倒杆蓝牙系统进行民意测评，填写测评表，楼门长也代表居民发表了看法。佳立洁物业公司向大家介绍了安装电子倒杆蓝牙系统后车辆管理的初步方案，并且与居民代表协商择期召开居民代表会、议事协商会等。在初步达成一致的基础上，又对小区车辆管理的方法和有关细节进行了研究磋商，最终通过了小区车辆管理的办法。在实行蓝牙道闸系统之前，张贴蓝牙道闸系统启用告知书，告知居民正确使用蓝牙方法和注意事项等内容，在机动车前挡风处统一安装蓝牙设备，实行机动车自动识别出入，既方便了车辆通行，又规范了车辆管理，美化了小区环境。

二、民主协商拆除地锁问题

为净化社区环境秩序，消除社区内安全隐患，社区居民委员会组织党员、楼长、志愿者等召开拆除地锁意见征求会，在意见征求会上既讲明安装地锁的危害和拆除地锁的必要性，又对如何取得居民，特别是已安装地锁的居民的理解和支持，广泛听取意见。居民代表在拍手称快的同时，对拆除地锁可能出现的问题进行了详细的分析，不仅积极献计献策，还主动承担做安装地锁居民的工作，同时对拆除地锁后的管理提出合理化建议。征求会结束后，社区居民委员会经过张贴通知、入户告知等方式劝说居民自行拆除地锁，对没有按期拆除的地锁，根据议事协商会的决定，组织社区主任、保洁员、志愿者对40多个地锁进行统一拆除。

三、建立健全民主协商工作机制

在多年的工作中，社区党组织和辖区单位党组织建立了沟通协商的机制，合作共事的范围不断扩大，通过学习借鉴各地经验，社区共建共议工作全面铺开。

（一）建立组织领导机制

社区共建共议工作由街道党工委统筹安排、宏观指导、检查考核。社区党委制订计划，组织协调。成立了党建工作联席会，社区主任任组长，各驻区单位党组织负责人为成员。社区党支部和驻区各单位党组织共同研究制定了《党建工作联席会议章程》，明确了共建共议的内容要求和各自的权利义务，使工作开展有章可循，并签订《社区共建共议协议书》，把共建共议的关系有效地固定下来。

（二）建立民主协商机制

一是季度例会制度。党建工作联席会一般每季度召开一次，遇有重大问题和突发事件可临时决定召开。二是征求意见制度。会议议题一般由社区党支部提出，其主要内容是：围绕区、街道及社区中心工作，需要共同完成的工作事项；围绕社区建设和社区工作，需要成员单位支持解决的人、财、物等问题；围绕定期征求社区社情民意，需要协调解决居民反映的热难点问题等。三是讨论表决制度。会上，社区党支部要就提出的议题实施方案进行解释说明，由各成员单位负责人充分讨论，进行逐项表决，半数以上成员通过后形成决议或决定。不能通过的，由社区党支部按照会议讨论情况进行修改后，再次交流沟通，提交下次会议讨论表决。

（三）建立督察考核机制

一是推行“双向承诺”制度，将驻区单位党组织与社区党支部签订的共建共议协议书，予以公示，接受全体社区居民的监督。二是建立“双向反馈”制度。社区党支部将在职党员参加社区建设的情况向驻区单位党组织反馈；驻区单位党组织发展党员、选任干部，必须征求社区党支部的意见；辖区党员在职报到。

四、营造共建良好氛围

大力宣传共建共议的重大意义，大力宣传“社区是个家、情系你我他、建设靠大家”的社区建设理念，使驻区单位党组织和广大党员干部从巩固党的执政基础和社区基层政权、加快城市化建设进程的战略高度，强化属地管理意识，增强主人翁意识，积极主动参与社区工作，通过在同群众朝夕相处中经常为群众办好事，以实际行动增进对群众的感情、提高服务群众的本领。

随着社会的发展，社区在社会管理中承担着重要角色，它是稳定社会的重要组成部分。因此，社区越来越受到政府部门的高度重视，成为践行社会治理的重要平台和载体。按照我国的相关法律，社区居民委员会是居民自治组织，但在社区治理过程中遇到了许多难点问题，如何解决社区难点问题和热点问题需要借助民主协商平台，社区居民委员会建立与居民良好沟通协商的关系，合作共事的良好氛围。

民主协商是群众自治的一个重要手段，今后，要继续提升共议共建意识。坚持社区“一事一议”的原则，用“共议共建，发挥民主协商作用”的共同目标来激发各自内在动力，凝聚合力。社区继续寻找党建工作切入点，多为社区居民做好服务，通过开展各种有益的工作以赢得居民对社区建设的认同、理解、参与和支持。

（作者单位：和平区南营门街道竞业里社区）

民主协商让社区旧貌换新颜

赵　洁

一、案例背景

2015 年福明社区居民委员会换届，选出了新一届领导班子。新班子在着力搭建协商民主平台、规范协商民主内容、健全协商民主程序、落实民主协商成果等方面狠下功夫，努力解决了一些群众关心的热点难点问题，受到了群众的赞扬和好评。

河南路 39 号楼是座近百年房龄的四层老旧楼房，住户绝大部分是外地租户。河南路 39 号楼与津工超市之间的夹道，由于年久失修，路面坑洼不平，下水管道坍塌，经常出现堵塞，污水常年外溢，简单的管道疏通也只是治标不治本。另外，由于一些居民不文明的生活习惯，夹道内堆满了从楼上乱扔的垃圾，由于常年堆积已有一人多高，致使空气污浊，恶臭难闻，环境恶劣。同时由于垃圾堆积过高，也给这里的安全造成隐患，经常有小偷通过夹道的垃圾堆攀爬到居民家中行窃，使这里成为社区最突出的卫生死角和治理难点。

二、具体做法

（一）召开协商民主会议，确定治理方案

为了彻底治理河南路 39 号楼的“脏、乱、差”环境，居民委员会领导班子召开河南路 39 号楼环境治理专题会议，邀请楼内的居民代表和商户

进行协商，听取他们的意见。津工超市负责人对楼内居民不爱护公共环境卫生、随意开窗户乱扔垃圾的行为提出了严厉批评，并指出下水管道经常堵塞也是乱扔乱倒造成的。而 39 号楼的居民代表听了，当场提出反对意见，他们认为夹道内垃圾主要是在这里租住的人员乱扔乱倒垃圾造成的。由于双方言辞比较激烈，会议气氛顿时紧张起来。这时居民委员会及时进行了调解，安抚了双方的情绪，把会议重点重新转向研讨对策上。有的住户提出自己做独立下水；有的住户提出铺平路面，大家纷纷提出了自己的想法。经过深入商讨，大家对彻底治理脏乱差环境达成一致。社区进行分析后提出以下治理方案：第一，由居民委员会进行现场勘查，制订具体治理方案；第二，与相关部门取得联系，做好更换下水管道、整修路面的资金预算；第三，与街道保洁队联系将夹道内垃圾彻底清理干净；第四，做好租房户的思想工作以及环境卫生的保持工作。

（二）明确职责分工，确保清理工作落实到位

为了保证方案尽快实施，第二天居民委员会便进行分工，一方面由居民委员会党委书记带领卫生主任实地勘查，联系工程队和街道保洁队；另一方面其他居民委员会人员分为三个组入户走访，挨家挨户做工作，保证前期施工的顺利运行。

1. 挨家入户做工作。俗话说“冰冻三尺非一日之寒”，39 号楼的恶劣环境是日积月累形成的。由于常住户居民所剩无几，大部分是外来打工的租房户。他们的流动性大，爱护环境的意识不强，开窗户随手扔东西已经成了习惯。另外白天绝大部分家中无人，这给社区工作人员的入户访问带来了困难。为此，居民委员会工作人员就利用业余时间进户走访并张贴温馨提示。实在找不到人的，由楼长和热心居民协助联系原住户，再找到租房户进行访问。经过不懈努力，对楼内的 20 多户全部进行了走访、征求意见，同时做好思想工作，宣传文明公约，告知他们自觉爱护环境卫生，不要乱扔垃圾，租房户都表示理解并承诺能够做到社区的要求。

2. 居民委员会带头清理夹道。经过了第一步的入户工作，社区决定先从改善河南路 39 号楼环境入手，先由街道保洁队将垃圾清理干净，再由工程队更换下水外管道，并重新铺设夹道路面。但在清理垃圾的过程中，又遇到困难：由于夹道窄小，铲车根本进不去，只能人工用铁锹铲、小推车

往外运送。居民委员会党委发挥党组织战斗堡垒作用和党员先锋模范作用，各位主任和保洁队员一起，冒着酷暑，不怕味道难闻、蚊虫叮咬将垃圾一车一车地从夹道里清运出去，整整干了一天。清理之后，施工单位很快更换了下水外管道，并将外管道加粗，避免再次出现堵塞现象。当卫生清理干净，并重新更换了下水管道后，施工队又将坑洼不平的夹道路面进行了重新铺设，终于使39号楼居住环境得到了彻底改善。

三、工作成效

改造后的河南路39号楼焕然一新，加上居民委员会加强了环境卫生的宣传教育工作，楼内住户文明行事，没有人乱扔垃圾了，污水也不外溢了，告别了多年的恶臭，环境整洁了，夹道路面平整了，空气也清新了。为了让整洁宜居的环境得到长效管理，居民委员会班子与楼内居民代表和商户经过民主协商，形成了共同监督共同管理模式，建立健全了有效的工作机制和制度，杜绝了不文明现象再次发生。

此外，福明社区民主协商工作的有效开展，不仅有力地推动了基层政治文明建设，更是对社区的各项工作起到了积极的促进作用。通过民主协商活动，社区不仅积累了许多基层工作的好方法和新思路，而且社区各项工作得到群众更多的理解和更广泛的支持。

（作者单位：和平区劝业场街道福明社区）

利用惠民资金改造自来水管道

孙淑英

一、案例背景

林泉社区积极开展基层民主协商，确保服务群众专项经费科学合理地使用，在广泛征求群众意见的基础上，围绕社区服务设施建设、社区服务团队打造、便民服务等方面解决群众急需的事项。

2015 年 5 月，社区主任接到沈阳道 70 号楼存在吃水困难情况的反映。经过入户走访发现楼内自来水水质很差，颜色发黄，居民担心饮用这样的水会影响身体健康。此外楼上水流小，居住在 5 层的居民，虽然自行安装了加压泵，但水流依旧很小，夏季用水量增大时无法洗澡。

二、具体做法

（一）入户调查，商讨初步意见

根据这个情况，社区首先请自来水公司的工作人员，一起入户查看 1 楼 5 户人家自来水管地下走向，研究改造方案。经查看发现沈阳道 70 号这栋老楼房存在水管老化、水中有锈水的现象。楼内地下室不知何种原因常年存积水达 2 米多深。房屋原属企业产权，企业破产后没有主要负责单位。另外，据市自来水公司负责人介绍，若需更换入户水管，按照商品房购买合同的有关规定，应由业主委员会牵头，经 2/3 以上的业主同意后，由业主委员会向市房管局提出使用房屋维修基金的申请，资金不足部分由业主分摊。鉴于这种情况，社区主任组织全楼居民召开民主协商会，讨论能否从一楼走管道，并对楼上居民给予适当经济补偿。这一方案除一楼王奶奶不同意外其余居民均表示同意。

为此，社区又围绕王奶奶召开了调解会议。王奶奶今年80多岁，行动不便，儿女在北京工作，是位独居老人。开始老人怕在家安装水管容易被绊倒。社区了解到这一情况，告诉她改造后的水管顺着墙贴着地走，尽量不影响走路，而且换管关系到大家的吃水健康，可以适当地给一些经济补偿，但王奶奶仍然不同意。

（二）民主协商，确定最终方案

为了使自来水管改造工作达到既可以正常的安装，又得到居民认可的目的，在社区主任的主持下，再次召开了协商会议。会议上，居民代表、自来水公司安装师傅、房管局代表等共同讨论安装方案。经过民主协商，大家一致同意由和平区房管局、居民委员会、居民代表组成专案调查组，进入沈阳道70号楼实地勘查，评估更换水管的场地、结构。最后确定自来水管的走管方向从地下室开始。这样做既可以方便安装，又可以使居民损失降到最小。这个方案得到了居民们的广泛认可，王奶奶最终也同意了。

但由于地下室常年有积水，换水管前必须先排水。居民委员会及时召开社区班子成员小组会、居民代表协商会议进行协商。对于排水的经费问题，经过热烈讨论，最后决定由全楼居民均摊。但是通知居民后，仍有少数居民不愿出钱。为此，社区又紧急召开了居民大会，了解到部分户主对排水费全楼均摊的方法表示不认可。最终经过社区居民委员会多方协调，暂定由社区专款专项承担这一费用。

（三）多方参与，工作顺利完成

社区主任将此事及时上报街道有关部门领导，街道领导非常重视，又与社区主任一起入户了解详情。之后按程序申请启用为民专项资金，并很快得到了街道领导的批准。

2015年10月13日，居民委员会邀请了专业师傅用水泵为地下室抽水，同时联系自来水公司确定施工改造时间。居民委员会在楼门口张贴通知，并且挨家挨户告知居民需要家中留人照看。两天后地下室的水抽干了，第三天自来水公司立即更换了新的水管。

三、工作成效及启示

为居民更换水管从民主协商到最终完成，历时半年。居民非常满意，纷纷表示感谢政府，感谢党的好政策，终于吃上了干净的放心水。从更换自来水管道这件事，社区居民的民主协商意识得到了提高，决策民主能力得到了加强。在实际工作中社区广泛征集社情民意，社区与居民和各个相关部门充分、坦诚地协商议事，扩大了群众知情和参与决策的渠道，提高了决策的民意含量，推进了社区事务决策的公开化和民主化。

通过实施一些为民服务事项，使社区深感为民服务的重要性。民主协商要落实到具体服务项目和实事好事上，努力建设一支长期服务群众的团队，办成一批看得见、摸得着的实事好事，打造质量过硬、群众欢迎的服务品牌，让服务群众更有保障，让群众长期受益，实现效果最大化，切实体现基层党组织的服务功能和作用。

（作者单位：和平区劝业场街道林泉社区）

议事协商助力　旧楼提升改造

王媛媛

2016年，根据天津市旧楼区提升改造的统一部署，和平区劝业场街道百货大楼社区按照“先行安排规模和提升空间较大、整修内容较多的旧楼区”的工作原则，对社区内旧楼区进行综合功能提升改造。在施工过程中，社区吸取了试点小区的经验和做法，由过去的“沿街、里巷”转为“进楼、入户”，更贴近群众日常生活、着力解决影响群众住用安全的楼内综合整修和设施设备维修更新，同时兼顾小区外部整体环境提升和相关配套设施的完善。通过提升改造，使广大居民群众切身感受到惠民、利民、便民的好处。

一、背景介绍

这次提升改造工程包括百货大楼社区山东路17～21号、辽宁路48～58号9个楼门的136户居民。在山东路17～21号旧楼改造中，遇到了很大的阻挠。主要是一楼居民不同意破坏地面，施工队无法更换水管，不能解决楼下水道堵塞问题。对此居民争执不休。社区经过调查了解得知：一是需要破坏一楼住户地面；二是需要将一楼住户厕所马桶拆除后才能对地下管道进行疏通和改造；三是一楼住户年龄较大，破损地面施工将造成暂时生活不便；四是破损地面后如何恢复，恢复地面、更换马桶的费用如何解决。由于山东路17～21号楼门居民多数为老年人，为此事与楼上住户发生了激烈争吵。为此，既要安抚老人情绪，又要使结果让双方都满意。

二、主要做法

社区工作人员有着丰富的工作经验，并通过日常与楼门住户保持沟通，对他们的家庭、生活情况以及性格特点都有一定的了解，与他们建立了良好的人际关系，这对协商沟通解决问题有很大的帮助。楼门院长、志愿者们根据楼门实际情况提出不同的意见和建议，社区经过多方讨论和研究，拟定出有建设性的方案措施，在与居民协商讨论后最终确定了解决方案：

1. 由楼门院长、志愿者和社区工作人员挨家挨户走访，了解住户对施工意见，同意施工的在登记表上签字，不同意的问清原因。

2. 针对不同意施工的居民，由本社区工作人员、楼门院长、志愿者进行劝说。

3. 将楼上楼下住户召集在一起进行沟通，进一步征询居民的意见和想法。

4. 由社区对各住户的意见进行整理，制订施工方案。

在沟通协商时，山东路 17 号一楼住户态度十分强硬，坚决不同意破损地面。经了解到这是一位 70 多岁的独居老人，平时生活不便，社区工作人员、志愿者也经常入户给予帮助。于是社区工作人员答应老人在施工过程中尽可能满足其日常生活需求，并表示理解老人的切身感受，并对他的感受作出积极回应，使老人态度有所转变，我们与老人慢慢沟通，说出我们的想法，终于使老人改变了不同意施工的意见。

社区工作人员、楼门院长、志愿者积极动员居民参与到旧楼提升改造工程中，对民心工程的实施步骤和目的意义进行广泛宣传。对不同意施工的居民进行劝说，攻坚克难，协调解决因地面破损的赔偿问题。经挨家挨户做工作，征询大家意见，最终达成一致，由每户拿出 200 元作为一楼恢复地面、更换马桶的费用，保证提升改造工程顺利进行。

三、工作成效

经过社区工作人员、楼门院长、志愿者不懈努力，在楼门住户的积极配合下，旧楼改造提升改造工程圆满完成，楼内粉刷一新，管线整理得更加有序。不仅更换了楼道窗，安装了新邮箱，而且疏通了下水道，楼道内不再有难闻的气味，改善了居住环境。山东路 17 号楼居民说：“上下水管，细管换成了粗管，锈蚀严重的铸铁管换成了新 PVC 管道，家中排水通畅了。”“小区整洁漂亮了，大家住着更舒心。”居民们还给社区送来了锦旗和感谢信。

社区议事协商会充分发挥了楼门院长、志愿者的作用，引导居民全面了解和掌握大家关心的热点、重点和难点问题，使旧楼改造的每个环节都有群众参与，提高了群众参与的积极性，使广大群众真正成为美丽楼院改造的参与者和受益者。

四、案例启示

今后，我们一定提升民主协商意识，做到事情共商、资源共享、难题共解、文明共创和活动共办，以用“民主协商，构建和谐社区”的共同目标来激发各方内在动力，凝聚各方合力。把民主协商作为主要途径，通过扩大范围，改进方式，细化程序，让成员单位积极参与、表达，使工作和决策更科学、更符合实际，以相互理解、宽容和妥协的民主精神，解决社区建设过程中遇到的问题。

（作者单位：和平区劝业场街道百货大楼社区）

夯实民主协商基础　民需民求落到实处

袁　芝

民主协商是社区建设发展的有效方法，通过民主协商可以广泛凝聚智慧和力量。社区作为基层通过民主协商达到关注民生、改善民生的目的。

一、民主协商案例及解决过程

（一）社区企业共同作为，解决下水管道堵冒问题

2016年3月1日，居住在马场道142号北楼的居民找到了友谊里社区，称其家和院内下水道堵塞，严重影响自家正常生活，并扬言若社区不管，就将粪便垃圾扔到道路上。社区工作人员耐心劝阻后，同他一起分析情况：马场道142号楼属天津远洋公司企业产权，实行住房改革后有95%的居民购买了产权变为私产，只有极少数住户没购买产权。这使企业产权房屋公共设施的维修成了难题，处理起来很复杂。

社区综治主任先后找到五大道房管站、排水二站，得知此事均不属于其服务范围。房管站、排水二站也积极帮助寻找产权单位，最终在几方共同努力下，找到了产权单位天津远洋公司，但该单位称只收了极少部分住户的房租，居民家和院内下水道堵塞属公共设施维修问题，他们也无能为力。经社区与其多次交涉，最终答应解决问题。就这样在各个部门的积极配合联动下，圆满地解决了问题。

（二）供热操作失误引发居民家中跑水，社区人员耐心调解获成效

居住在大理道友谊里4门2楼的居民在供热打压试水期间，由于工作人员将3楼过道水管堵头拧下忘记安装，导致供热给水时水如喷泉，从3

楼浸泡了2楼居民L先生家的房顶、空调、床垫、家具、地板，急得L先生几天不能睡觉吃饭。供热公司先后三次与他沟通赔偿，但都没有谈妥。L先生为此很恼火，先后找供热部门、政府、媒体投诉。

在这种情况下，供热公司委托社区介入此事，打算赔偿6000元。社区综治主任与L先生联系，约好时间，到现场仔细查看了损失情况，初步估算损失将近1万元，还不包括L先生3个月以来经受的精神损失，考虑索赔应包括：实际财务的损失；整体装修的工和材料；装修期间和装修后L先生的住宿费用、餐饮费用；尤其是L先生身体不好又干不了力气活，因此给他带来许多麻烦和不便，作为调解人应当要充分给予理解和同情。此前供热公司对这些关注和体谅不够也是多次谈赔偿谈不成的主要原因。

找到原因后社区综治主任受供热公司和街道办事处的委托，与L先生多次沟通，协调一次性由供热公司赔付2万元。同时供热公司表达了对L先生的歉意和对参与调解的工作人员的感激。

二、案例思考

这两件事情虽然一个是与企业协商、一个是与居民协商，但有共同的出发点：就是一切从实际出发、从群众的实际需要出发，作为社区积极与辖区单位、产权单位做好共建工作，相互体谅、相互合作为百姓谋福利；社区发展社会主义协商民主，必须从各层次、各领域扩大公民有序参与，最广泛地动员和组织群众依法管理国家事务和社会事务、管理经济和文化事业。既要稳步推进基层协商，从广大人民群众最关心的身边事情入手，扎扎实实、循序渐进地发展基层民主，又要加强基层协商与政党协商、人大协商、政府协商、政协协商、人民团体协商、社会组织协商的制度衔接，鼓励党代表、人大代表、政协委员积极参与居住地社区民主协商，为人民群众表达利益诉求提供更为畅通的渠道。特别是在围绕公共设施建设、生态环境保护等基层的重要问题，更应该稳步推进。

三、案例启示

社区的基层民主协商工作给予我们很多启示，社区作为基层的社会组织，更应该多听多看，从居民的角度考虑问题，充分发挥民主协商的职能，说老百姓话，办老百姓事，实事求是，真情对事，诚心对人，居民利益无小事，要换位思考问题，做到与各个职能部门的相互联动、积极配合。

（作者单位：和平区五大道街道友谊里社区）

协商办实事　社区面貌新

王　钢

五大道街道泰来里社区现有户籍居民 2517 户，8456 人。除泰华里小区外，大多都是建于 20 世纪二三十年代的老楼房，配套设施极其简陋，伙楼伙院居多。由于社区地处黄家花园商业区，造成辖区内租房户多、外地人口多、流动人口多。再加上社区老年人多、困难人员多，从而形成了社区“人员结构较复杂，社区管理难度大”的特点。

为了动员广大居民群众关心社区事务，参与社区事务，把社区治理好，在社区居民委员会主任的带领下，充分发挥居民代表大会、议事协商会等职能作用，共商共议共建社区工作，确立了“共商共议，形成合力，以人为本，服务居民”的工作思路。社区定期召开居民代表大会，征求民意并贯穿于各项社区建设管理的实践中。社区议事协商会由人大代表、政协委员、居民代表、驻区单位、社会组织代表等人员参加，形成议事机制，有事多沟通，遇事多协商，做事多互动，形成合力。这样，社区通过不断完善群众参与机制、社会融合机制、多元协商机制等社区治理机制，达到了让更多居民融入社区，参与社区治理，更多的社会力量参与管理，并提供群众性、公益性、社会性的服务，形成了社区事务共商共议共建的局面。

根据社区实际，社区工作人员从为民办实事、解难题入手，解决和反映了不少困扰居民的难题。如提升改造了泰华里小区，铺设了胡同里巷的地面。反映了就近入学、地下室腾迁、机动车停车等问题；特别是解决了老旧楼房的集中供暖，改善了社区的环境卫生，解决了餐馆泔水外溢等难题。增加群众的幸福指数，促进社区的和谐稳定。

一、结合美丽社区建设，老旧小区实现集中供暖

泰来里社区大多都是老旧居民小区。由于历史原因，过去一直没有被纳入集中供暖体系。多年来，居民都盼望能实现集中供暖，近几年这个诉求更加强烈。社区也多次将情况向上反映，但这个愿望始终没能实现。

去年，我们再一次集中民意反映了解决老旧小区集中供暖的问题。这次结合美丽社区建设，有关部门对此高度重视，表示要想方设法，克服一切困难，尽快解决这一老大难问题，保证从今冬开始让居民温暖过冬，但前提是必须要达到80%以上的居民同意才行。辖区内有大量的外来租住人口，业主长期不在当地居住，要达到80%以上同意率难度很大。为民服务是社区工作者的责任，社区工作人员立即分片入户进行宣传，多方联系业主做工作，终于使同意率达到了80%以上。同时又做了大量居民的思想工作，协助供热企业完成了换热站的选址。在社区和有关部门的多方努力下，在党和政府亲切关怀以及供热企业的艰辛努力下，集中供热工程终于得以实施。

随后，供热企业立即组织力量进行了认真调研和论证，形成了整体的解决方案。经过紧张筹备，工程于2015年10月开工。由于工期紧任务重，加之工程要穿越人口密集区、地下各种管网纵横交错、沿途协调难度大等，增加了施工难度。为保证工程按期、保质、安全完成，热电公司和社区及有关部门高度协调一致，集中人力物力，全力以赴推进工程建设。经常召开碰头会，及时协调解决施工中出现的难题；为保证工期按时完成，还成立了工程建设督察小组，每天深入施工现场，专门负责施工安全、质量检查监督；并抽出专门员工加强施工监理力量。分布在各施工段的施工队伍倒排工期，每天早晨6点多就开始施工到晚上十一二点。社区予以密切配合，遇事及时联系，马上解决。

经过3个多月的艰苦而又紧张的奋战，终于解决了老旧小区的集中供暖的难题，满足了老百姓的民生诉求。使居民终于告别了一直以来用煤炉取暖的历史，迎来了第一个温暖的冬天！

二、开展集中整治活动，清理煤池改善居住环境

由于社区老旧楼房多、伙楼伙院多，当时为了规范居民存放燃煤，社区共配置120余个煤池子，堪称全街之首。然而随着集中供暖的实施，煤池子已失去了往日的作用，反而成为滋生蚊蝇、堆积杂物的地方，对居民的生活环境造成不良影响。

近期，结合美丽社区建设，社区经过民主协商一致决定对废旧煤池子开展集中整治。社区按照摸底分类、环境清理、拆除整治三大步骤，对辖区的煤池子进行了全面摸底，根据摸底情况和居民意愿，对未实行集中供暖用户的煤池子予以保留，对不再使用的进行拆除，同时对堆积的杂物、垃圾进行清除。炎炎烈日下，大家挥舞铁锤、铁锹，不怕脏累奋战在现场，无论是社区领导还是普通工作人员，个个奋勇争先，清理现场呈现着热火朝天、挥汗如雨的工作场景。目前，已清除废旧煤池子78个，并对破损的路面进行了修复，使社区环境大为改观。相信经过继续努力，社区环境卫生面貌会得到进一步的改善，随着美丽社区建设活动的不断深入，居民生活环境会得到进一步美化和提升。

三、想方设法多方反映，餐馆泔水外溢终得解决

泰来里社区利用居民住宅开饭馆的现象相当普遍，餐馆经营产生的泔水与餐饮垃圾大都倒入居民使用的垃圾桶内，时常造成垃圾箱污水外溢，异味很大，给附近居民生活带来很大不便，周边居民意见很大。为此，社区居民委员会采取了一些措施：

1. 与五大道街道保洁队联系，增设了垃圾桶，但因餐馆多，还是无法彻底解决垃圾、污水外溢问题。

2. 多次召开专门会议，研究规范餐馆经营，希望餐馆能自备垃圾桶，不要再将泔水和餐饮垃圾倒入居民使用的垃圾箱内，餐馆老板会上也表示同意，但会后往往很难做到。

3. 与天津市碧海环保技术咨询服务有限公司进行联系，希望该公司能负责泰华里社区内餐馆废弃物的清运工作，因社区餐馆较多，该公司不愿

意与每家餐馆签订协议，希望能有一家代表所有餐馆与他们签订协议，因当时无法落实餐馆代表而没能达成协议。

尽管采取了以上措施，但收效甚微。于是，社区居民委员会又通过社区的政协委员联络站，以提案的方式，反映了此问题，引起了上级有关部门的高度重视。通过五大道街道政协部门牵头，召集有关政协委员和区容委、道路、排水等部门开会，大家就解决社区小餐馆废弃物排放问题集思广益、统一思想，相互配合，拿出了解决办法——在垃圾桶下铺设管道，外溢的污水通过管道流入污水井。会后，立即组织施工，终于解决了垃圾桶污水外溢问题。多个部门参与协同，最终解决了困扰社区居民多年的生活问题，群众对此也给予了很高的赞誉。

如今，在社区的组织带领下，充分发挥居民代表大会、议事协商会等职能作用，共商共议共建社区，使各项工作得到了进一步提升。整体管理水平得到了进一步提高。社区服务功能逐渐在完善，居民整体素质逐步提高，社区正朝着稳定、和谐、向上的方向发展。

（作者单位：和平区五大道街道泰来里社区）

问题摆到桌面　协商化解矛盾

李金阳

基层是社会矛盾集中凸显的地方，社区是社会治理的基本单元。加强基层社会治理要适应新形势，掌握社会治理规律，通过大力发展基层民主协商，将人民内部存在的各种矛盾以及涉及群众切身利益的实际问题，在决策之前和决策实施之中开展广泛协商，努力形成共识协力攻克难题造福群众。

湖南路社区隶属和平区五大道街道，辖区户籍居民 2581 户、共 7743 人，其中常住居民 1357 户、共 3958 人。社区处于五大道旅游景区的核心地区，毗邻先农大院与民园体育场，存在很多住户改商户的情况，虽然提高了客流量增加了消费额，但商户与住户之间也存在不少矛盾，诸如商户扰民、餐饮垃圾成堆、装修拆改房屋等。此外，社区最为突出的问题是建筑物老化，存在很多安全隐患，给居民的生活也带来了很多不便。

自《中共中央关于加强社会主义协商民主建设的意见》出台后，湖南路社区按照“畅通渠道、汇集民意、促进参与”为原则，结合本社区老旧楼房年久失修、房屋问题导致邻里关系恶化等实际情况提出了“民主协商、多方联动、共同参与”的工作思路，为社区工作提供了有力指导。社区积极开展民主协商议事活动，将存在的问题台面化，为居民搭建了倾诉的平台。帮助居民化解矛盾、咨询专业人士、筹措社会资源、协调有关部门，群策群力、调动居民的参与热情，最终为社区居民解决了许多疑难问题。

一、民主议事，加强沟通

2015 年 12 月，重庆道 60 号楼多户居民来到社区反映楼内漏水问题，顶楼住户因家中装修，且楼内管道老化严重，导致严重漏水，造成全楼多处地板、墙面渗水，有的地方甚至成了“水帘洞”。

社区接案后，管片网格员立即到居民家中现场查看，耐心倾听居民诉说事情原委，并将房屋漏水情况进行拍照取证。社区网格员也了解到他们邻里之间存在矛盾，有的居民家中刚装修完，不愿配合修缮漏水点位。经过一番走访过后，社区组织了第一次居民协商会议，让大家坐下来将问题台面化，畅谈自己的想法。社区主任、综治社工、网格员共同参会，首先帮助调解纠纷，但谈到分歧之处有些居民仍然情绪激动，为避免分歧扩大激化矛盾，社区主任决定休会，继续跟踪此项工作。

二、多方联动，协商解决

在后来的工作中，社区对60号楼居民进行逐户走访，了解每家的需求和对本事件的意见、看法。同时联系房管站工作人员到现场查看，通过房管站的专业分析后找到3处疑似漏水点位，但楼内管线存在私改问题，部分渗漏点位已经不在房管部门责权范围之内。社区依照民主协商、民主解决的原则，再次立刻召开60号楼居民的户代表民主协商会议，并邀请了房管站的专业人员和管片民警，一是为了防止发生冲突，二是请专业人员为居民解释维修方案。会上先听取了房管站的专业意见，随后听取群众意见，本着急事急办的原则，由房管部门对漏水处理问题拟订出最佳施工方案，居民代表评议通过了实施方案。但对于维修顺序问题，住户韩先生与其他住户存在分歧，除了一处漏水点在韩先生家的墙体内，还有与邻居的陈年旧怨夹杂其中。管片民警提出就事论事，不要掴旧账，大家合力解决目前最棘手的漏水问题。社区从“急事快办”的角度出发也对韩先生做了思想工作，同时也充分利用房管部门的专业数据对他的不合理要求提出批评。最终韩先生答应配合开墙维修，最终使漏水问题圆满解决。

社区民主协商不仅仅是关乎规章政策的工作方面，社区工作可协商解决的问题范围很广。此案例中，社区充分发挥主导作用，做好服务者的角色，筹措社会资源，以多方联动的工作方式，让社区居民把问题摆在明处，促进居民参与，通过多部门协同服务，以专业领域的权威性指导工作，得以公开、公正、及时地为群众排忧解难。

三、共同参与民主协商，满足民意收获民心

社区作为基层群众自治组织，要不断加强培育民主作风，倡导协商精神，带动和促进居民参与民主协商。本着坚持以民为本、不动摇，相互商量、不独断，求同存异、不独霸、不封闭的民主协商原则，在实际工作中灵活掌握，因地制宜，尽社区所能解决各种民生问题。增强居民的参与度，提高沟通技巧，善于通过广泛深入地协商和讨论，增进共识，凝聚力量。

社区坚持做到做好事勤协商、遇难事会协商、办实事善协商，形成“党建引领、网格主导、多元参与、协商自治”的基层社会治理新格局，在社区民主协商治理中寻求公共利益的最大化，实现居民群众自我管理、自我服务、自我教育、自我监督。

（作者单位：和平区五大道街道湖南路社区）

协商不怕反复　耐心获得双赢

袁　杰

社区居民邻里之间的纠纷往往是因一些小矛盾产生的，而这些貌似简单的小事处理不好就会造成矛盾激化，成为社会不稳定的因素。社区作为居民自治组织，社区居民委员会主任想要当好“小巷总理”，必须做好深入细致的思想工作，把小矛盾化解，杜绝大矛盾出现。

一、案例背景

育文坊社区重庆道187号楼是典型五大道小洋楼结构，共三层。全楼总水表在一楼地下井，楼上所有居民的水费均通过一楼的总表查收费用，一楼则代缴到自来水公司水费。然而一楼是家西餐馆，多年经营过程中与楼上居民存在一些小摩擦，向楼上用户收缴水费时遇到很大阻力，一直无法将水费收齐。后来一楼餐馆索性将自来水闸关闭。随后，楼上居民找到居民委员会要求解决。

二、民主协商，沟通议事

经居民委员会主任下户了解得知，重庆道187号一楼为Z先生租房经营茶楼，因其想将茶楼改为餐厅，需增加排油烟道，楼上居民不同意，发生过纠纷。现又产生水费纠纷，Z先生为此多次将一楼总阀门关闭，擅自停水。居民曾找派出所和管片民警多次解决，但Z先生还是不定期关阀停水。楼上三户居民找到居民委员会要求调解，工作人员立即打电话让Z先生到居民委员会解决此事，Z先生说他现在不在本市，而且很忙。工作人员认为此事在电话里解决不了，还是面谈为好。Z先生又回复：“我最近没时间，我回头跟你们联系。”工作人员将此结果转告给居民，请居民耐心等待。经工作人员一再联系，Z 先生于 7 月 8 日中午来到居民委员会，同意由居民委员会出面调解。

三、解决问题计划和步骤

在此基础上居民委员会提出如下建议：

（一）一楼商户应向楼上居民提供收取居民水费主要单据；

（二）一楼商户应在征求楼上居民同意的情况下，入户查看每户分水表，按吨位数收取水费；

（三）居民委员会告知 Z 先生不能私自关闭阀门，擅自停水是违法行为，劝其停止错误，以免造成严重后果。

7 月 9 日，Z 先生拿着近两年的自来水公司打印清单和最后一个月的缴费凭证在电话中告知居民委员会，现在就要入户查表，并要求居民委员会与居民联系。工作人员立即联系居民，但居民并不认可其打印的清单，只认可缴费凭证，同时居民也到自来水公司收费处核实了水费情况，与 Z 先生所述缴费情况有出入。居民想协商后再答复，Z 先生认为这样就是“拖”。下午工作人员又再次和居民联系，之前由于水费的问题，已造成楼上 80 多岁老人多次出现高血压、心脏病等状况，为防止因再次关闭阀门停水，引发新问题，工作人员也劝说居民换位思考对方处境。

四、促成协商，化解矛盾

社区工作人员本着公正客观的职业操守，为双方当事人讲清了利害关系，并耐心做双方思想工作。在调解过程中，双方当事人先后听取对方的陈述和苦恼，怒气适当缓和后，再引导双方换位思考，从对方的角度考虑问题，有效地增加双方沟通，让双方能够互相有所谅解，转变了、缓和了对立态度。最终双方表态接受社区提供的建议。7 月 9 日下午，工作人员带领 Z 先生入户查表，楼上居民同意将所欠水费一并交齐，此事得到圆满解决。

五、案例思考

在这一案例中，社区本着民主协商的原则，找准矛盾原因，主动邀请当事居民积极参与并有效化解矛盾。社区工作人员在感情上始终要贴近民众需求，真心为民，取得当事人的信任，在工作中耐心劝导，将换位思考方法引入到矛盾处理上来。为进一步解决问题打下坚实的基础。整个协商过程中，组织社区各部门工作人员，充分协调配合，发挥各部门参与调解的良好作用，维护了社会稳定。既解决了邻里间的矛盾，又增强了居民对社区的信任。

近年来，随着社会主义市场经济体制的建立和发展，以及各种利益关系的调整，出现了许多新的社会矛盾，矛盾纠纷的主题、内容日益多样化、复杂化。许多纠纷如果不能及时有效地化解，有可能发展成为群体性事件，甚至激化为刑事犯罪案件，严重影响社会的安定。对此，群众参与、民主协商才可以让居民自己的事情自己做主，社区作为助力做好组织领导工作，才能提升整体化解矛盾纠纷的能力，更好地为创建和谐社区服务。

（作者单位：和平区五大道街道育文坊社区）

协商民主使小区不再停车难

刘　爽

随着居民有车族迅速增多，社区原有的停车位难以满足需求，特别是在老旧小区这个问题更为突出，停车难问题已成为社会关注的热点和物业管理的难题。社区从协商民主方式入手，破解了小区停车难题。

一、背景

开封道社区所辖开封里小区有六栋高层住宅楼，有居民 484 户，1400 多人。由于这些小区建设年代较早，没有设计车库和停车位，加之小区内可利用的空间极其有限，因此，停车难现象日渐突出。乱停车影响了居民正常出行，挤占消防通道，造成安全隐患。侵占了居民们健身锻炼场地，有车族与无车居民之间的矛盾加剧，小区内损车的事件时有发生。个别车主还将车辆停放在绿化带上，小区绿化遭到破坏，汽车噪声和废气污染也不利于人身健康。另外，外来车辆挤占小区车位，在小区内随意停放，更加重了小区停车难的问题。

二、具体做法

开封里小区提升改造后，为巩固成果，实行常态化、长效性管理，我们引进了准物业公司，解决小区停车难成为社区居民委员会面前的新课题。本着“群众的事，要依靠群众来办，要同群众商量着办，要让群众参与去办”的理念，集思广益统一思想，就小区汽车停放的问题多次召开意见征询会、方案论证会。几上几下、反复研究，讨论制定了“居民停车公约”，采取居民停车不收费、发放停车证、阻止外来车辆进入的管理办法，在公示征求全体居民的意见后实行。社区居民委员会还针对各种不同情况，确定了申请办证流程，每份申报材料都交由全体委员会议审定，做到公开、透明、公正，确保了办证质量。管委会成员上岗执勤，严格执行公约制度，保证了车辆的有序停放。由居民委员会牵头，民主协商，从细节入手，规范管理，缓解矛盾，使小区的车辆停放逐步有序化。

为了把这件好事办好办实，在具体实施过程中，首先逐户摸清各家的具体用车情况，并在小区内连续数月逐辆登记核对车辆，摸清车辆使用情况，根据掌握的具体情况和业主们反复协商，就以下几个疑难问题达成一致。

（一）停车位平面布局要合理，不能占用消防通道、践踏绿地，以及影响各项公共设施的使用。

（二）不能任意私设地锁，必须统一管理，对于私自安装地锁的发现一个清除一个。

（三）居民委员会工作人员跟各楼门长、积极分子统一思想，做好业主的思想工作。

（四）安装刀闸杆系统，保安和物业人员要熟悉小区的情况、能够分辨本小区的车辆以及外来车辆。

（五）做细车证领取发放工作，凭房产证、户口簿、本人的行驶证、身份证领证。

（六）加强管理，引导规范好临时走亲访友、送货、办公等短时停车行为。

（七）通过协商共同制定了相关流程和制度公约，并在居民委员会和准物业业主委员会监督下认真执行。

附件包括：

1. 开封里小区居民停车公约（草案）；2. 居民申领小区停车证办理流程和使用管理办法；3. 租房户申领小区停车证办理流程和使用管理办法；4. 居民非同户籍子、女、媳、婿申领小区临时停车证办理流程和使用管理办法；5. 临时出入小区车辆的管理制度等。

通过大量的具体工作和协商解决问题深入实践，使“群众的事，要依靠群众来办，要同群众商量着办，要让群众参与去办”的理念得到了充分体现。

三、思考

通过协商民主解决小区停车问题的初见成效使我们认识到：

1. 文明小区需要共建。只靠居民委员会协调效率不会很高，最有效的办法是引导居民自我协商，解铃还需系铃人。大力推进社区民主协商，释放社区居民自治活力，使居民真正享有主人翁地位。

2. 具体工作要做实做细。每个环节的工作都要深思熟虑，不可粗枝大叶、马马虎虎，避免不必要的风波和麻烦，取得较好成效。实践中，我们在受理申请、制证发证和具体实施时，提前多问几个“怎么办”，照顾好方方面面，突出重点，抓好细节，精心组织，精心安排。同时，做好后期监督检查，不断研究新情况，及时解决新问题，保证了各项措施办法的圆满实施。

3. 协商民主，群策群力。本着“群众的事，要依靠群众来办”的理念，广泛发动群众做好协商民主的群众基础工作，充分发挥党员、老同志、志愿者的积极作用。如改变小区大门进出方向和实施汽车凭证进入停车的初期，党员、志愿者分成早晚两班站岗值勤，进行面对面的宣传解释，这些老同志在群众中有威信、说话有影响力，居民信得过也服气，大家都是邻里熟人有面子，由他们协助管理，很多事情落实起来会取得事半功倍的成效。

4. 发挥好居民委员会的引领作用。创建居民自治平台，共同协商找到利益交集点，共同解决小区管理服务问题。居民委员会要在其中负责引导小区利益各方理性表达诉求，共同制定合法合理的小区管理规则。社区党委、居民委员会发挥好引领作用至关重要。

（作者单位：和平区小白楼街道开封道社区）

社区调解委员会解决百姓纠纷

董鹤婷

达文里社区位于太原道9号楼，2000年区划改革后，成立了达文里社区。辖区东至大沽北路，南至烟台道，西至湖北路，北至唐山道，面积0.21平方千米，常住人口1506户、5578人。社区设施配备完善，文化氛围浓厚。社区为群众开展多种文化活动，形成了“以日促周，以周促月，以月促年”的良好格局，保证了各项活动的顺利开展，极大地丰富了群众参与社区建设的积极性，使“共创和谐，共享文化”的理念深入人心。达文里社区紧密结合社区自身的实际和特色，围绕“服务社区居民、造福社区居民、努力建设社会主义和谐社区，真心实意为居民服务”这个中心开展工作。

达文里社区成立了专门的调解机构，即“社区人民调解委员会”（以下简称“调委会”）。主任由社区主任担任，副主任由综治社工担任，委员分别由社工、民警、居民骨干和志愿者担任。在街道司法部门的领导下，认真贯彻“调防结合，以防为主”结合多种手段及人民调解工作方针，及时有效地调解各类矛盾纠纷，防止矛盾激化，减少矛盾纠纷的发生。2015年共调解各类纠纷17起，其中邻里纠纷13起、物业纠纷2起、其他问题2起，调解率达100%，防止矛盾激化率达100%。达到了家庭和睦，邻里团结，居民生活安定和睦相处的目的。

一、健全组织机构，建立矛盾预防化解机制

达文里社区以百年砖木老楼为主，连排成片，有伙楼院15个，流动人口近千人，居住分散，管理起来比较困难。为此调委会重视群体性矛盾纠纷的预防和调解工作，不断总结经验，坚持人民调解工作的方针，把矛盾解决在萌芽状态，紧密依靠广大人民群众，同时加强群防群治的调解网络

建设。以社区工作者、楼门院长、社区民警为成员，建立一支过硬的人民调解队伍。社区的工作重心是调解是基础，预防是重点，小纠纷不过夜，大纠纷及时处理；对已经处理的纠纷建立回访制度等防范措施，做到抓早抓小，堵塞漏洞，完善制度，落实责任，及时有效地消除社区一切不安定隐患，使调解工作走上了规范化轨道。

二、普及法律知识，严格依法进行调解

思想是行动的先导，宣传是做好调解工作的基础。调委会一直把普法知识宣传当作一项长期的工作来抓，首先社区党支部制订党建工作计划，明确任务，其次利用社区律师、社区民警开展普法知识讲座，利用宣传栏、黑板报、电子屏等多种形式，增强居民的法律意识，调委会的工作人员还经常和社区民警深入到居民家中向他们讲解防范知识，使居民群众树立了为社区的安定奉献自己的一份力量的观念。

（一）背景事由

大沽北路 134 号 5 门 201 室的许大爷找到调委会。许家与楼下 101 室的马家，因更换上水管一事产生矛盾。马大爷一家极不配合，并提出过分的经济补偿要求，认为更换水管破坏了屋内瓷砖和房顶。

（二）分析预估

调委会首先深入细致地分析这起事件。社区尤其是老社区，因水管破裂或者管道堵塞引起的邻里矛盾问题特别突出。在几年前的大沽路片居民楼提升改造过程中，因上下水管更换问题产生的邻里矛盾纠纷较多，调委会相信通过晓之有理、动之以情、授之以法的调解方式，最终都能一一地成功化解。

（三）协商计划

调委会召集小组成员，由综治主任带领调查情况。第一步，先入户查看许大爷家卫生间的跑水情况，并询问他是否已向自来水公司反映过，对方给出了怎样的维修方案，以及是否有必要立即采取该方案。第二步，找到楼门院长及居民骨干，了解这两家人之前有没有矛盾，以及邻居的印象

和对此事的态度，做到心中有数。

经过入户调查，社区工作人员发现马家多年来都与邻居不和睦。在几年前旧楼区改造更换下水管道时，就闭门不出面，不配合施工。现在二楼许家的租房户退租，就是因为卫生间地面渗水。许家人现住在深圳，这次特意回来为解决此事。自来水公司调查表示上水管已经彻底老化，只能更换不能修。可楼下马家的态度依旧如此，要不就不予理睬，要不就要求补偿。

（四）协商实施过程

许家非常着急，但不能同意对方提出的经济补偿要求，只答应恢复其屋内原貌。调委会为此召开了专题议会，还邀请了楼门院长和居民代表参加，共同商量解决办法；另有一小组成员负责给马家人做思想工作。一次次的劝谈、一次次的协商；同时作为调委会成员的物业社工也积极地联络自来水公司，最终把他们约在一起。

（五）调解结果及工作成效

最终马家人同意配合自来水公司施工。工程并未破坏马家地面，只是挖走了部分管子，产生少许费用由许家自愿承担。许家的生活问题得到了解决，许、马两家人的邻里关系也通过这次的事件得到了改善。许大爷为此来到居民委员会对我们的工作和努力致谢。

（六）反思及未来打算

社区是城市社会建设和管理的基础环节，同时也是城市各种社会矛盾的交会焦点。所以“矛盾纠纷的排查调解”，是调解基层社会利益关系、融合人际关系、维护社会稳定的核心任务，在人民调解工作中具有举足轻重的作用。在未来的调解工作中，社区要做到以下几点：

1. 每天对居民群众来信来访和咨询求助及时登记，按程序做好现场化解或分流办理、督办结案等工作。2. 每半月进行一次矛盾纠纷排查，排查出的问题，自身能够解决的，落实责任人，及时调处解决；不能解决的，上报有关部门协助解决。3. 配合相关部门处置各类突发性和群体性事件。

（作者单位：和平区小白楼街道达文里社区）

群策群力解难题　绿荫停车惠民生

安智香

卫津路社区近年来特别是开展党的群众路线教育实践活动以来，紧紧围绕“访民情、惠民生、聚民心、促和谐”这一主题，通过网格走访，收集民情民意，并针对居民反映的实际问题，及时召开居民代表大会、议事协商会、党员大会、听证会、恳谈会、社区单位联席会、现场协调会等，集思广益，拟订方案，制定措施，汇聚政府和各职能部门以及社区单位的力量，解决居民群众的棘手问题。

卫津路社区管辖的乐昌里小区是20世纪80年代初建成的老旧楼区，2012年由政府出资实行了旧楼区改造，改造后提升了居民的居住环境，但随着机动车的不断增加，周边单位车辆的涌入，加之小区楼群通道狭窄，成片的绿地面积过大，出入口只有一个，机动车乱停放和行人出入小区不安全的问题显现出来。小区内本不宽敞的主要通道被随意停放的机动车占去了一半的面积，楼门也常常被汽车堵塞，居民出入十分不便，一旦发生火灾或有急救病人，势必造成应急车辆无法通行，隐患极大。小区内先发生的两件事：一件是，一位老太太夜间突发心脏病，因楼栋门前堵了一辆机动车，担架无法把病人抬出，家属非常着急，但又找不到车主，最后找来四个大小伙子，伸直胳膊将担架举过头顶，才把老太太抬了出来，所幸经过抢救，老太太脱离了生命危险。另一件事是因车辆、行人混行发生的刮碰事件，受伤居民将车主告上法庭索赔50万元。这两件事在社区居民中的反响十分强烈，使我们也深感社区必须对群众的诉求有所回应，不管有多大困难，一定要把机动车治理好，还老百姓一个“和谐、安全、舒适、方便”的居住环境。为此，我们借势而发，以市政府的“绿荫停车”工程为切入点，广泛宣传乱停放车辆给居民带来的安全隐患，以激发出全体居民对治理停车问题的强烈愿望，使社区的“要彻底治理停车秩序”这一想法变为社区居民的一致要求，为下一步具体实施奠定较好的群众基础。

为使“绿荫停车”工程顺利实施，我们采取了“三步走”的工作方法。

一、主动沟通，广泛宣传，正面引导

社区居民委员会主动和园林局沟通，了解工程的进展情况，通过实地考察绘出“绿地改车位”的效果图，并通过网格在居民中进行广泛宣传，正面引导，让居民认识到虽然成片的绿地有所缩小，但可以换来社区秩序的整齐，换来生命财产的安全。

二、针对不同声音，冷静分析，积极应对

通过宣传引导，虽然获得了多数居民的支持，但仍有部分居民对“绿荫停车”工程有所误解，有的认为是居民委员会自作主张毁坏绿地；有的认为这个工程只是照顾有车一族的利益；有的反对工程的实施。对此，经过冷静分析，我们觉得这些不同声音，部分居民对政府的“绿荫停车”工程缺乏了解，对“绿荫停车”工程只是停留在解决车位问题的片面认识，说明社区的宣传工作还存在盲点，还没有突出重点，还需要做更加细致的工作。

协商民主是社区治理的最有效途径。为此，我们采取了五种措施，积极应对。

（一）分别召开了楼门长、社区党员、社区骨干参加的座谈会，在进一步宣传的同时，广泛征求大家的意见、建议。

（二）利用网格管理的优势，进行登门入户的宣传，将社区的治理方案以“致小区居民一封信”和“关于加强乐昌里小区居住环境综合治理的调查问卷”的形式发给每一个家庭，使每个家庭既能够了解改造工程的内容，也可以为小区管理和公共事务发表自己的意见，经过意见梳理，大多数居民表示支持。

（三）召开居民代表扩大会议，对那些对“绿荫停车”工程有意见的居民不避不躲，而是邀请他们一起参加会议。会上宣读并公示了市政府关

于“绿荫停车”工程的文件；展示园林部门提供的效果图；通报了社区因乱停车出现的问题和事故；对居民提出的疑问进行现场解答。

（四）召开驻小区单位会议，取得驻小区单位的理解和支持。本小区内有三个单位，其中市排水管理处机修所工程抢险车就有好几辆，由于沟通在先，取得了单位领导的理解，并表示全力支持。

（五）召开相关施工单位现场协调会，对居民提出的合理意见和建议修正效果图，使之更趋于完善，更符合居民的利益。

通过以上形式的协商，既消除了居民的误解和疑虑，又把居民的思想统一到治理停车秩序是满足居民维护生命财产安全诉求的需要、符合大家的共同利益上来。同时，将社区准备如何治理停车问题的初步方案以及准备成立机动车停车监督管理委员会的想法告知大家，并坦诚地表示，治理工作和今后的管理工作很难，需要大家的支持和配合，只要社区和大家一起努力一定会有令人满意的效果。多角度的宣传引导、科学合理的管理方案和我们诚恳的工作态度得到了广大居民的一致支持，曾经对我们的工作有意见的居民也为我们提出了许多具有建设性的建议。

三、确定目标，付诸行动，施工和管理同步进行

虽然居民相信社区确实是想为居民办好事，但对最终的结果和管理的效果仍持怀疑态度，社区居民委员会也感到压力很大。工程是否能顺利进行？管理能否跟上？结果能否达到预期目标？我们虽然敢于去面对、去承担，却没有100%的把握。居民付出了损失绿地的代价，如果后期管理不到位，不但环境得不到改善，还有可能使小区成为一个附近单位的免费停车场。虽然有市政府“绿荫停车”文件的支持，但在和平区尚属首例，没有前车之鉴，只能摸着石头过河。

在这种情况下，社区居民委员会首先成立了由社区居民、社区单位代表、社区片警、社区居民委员会主任组成的机动车停车监督管理委员会，制定了工作职责。之后，我们和监管会成员一起深入研究，统一思想，将治理的首要目标确定为通过实施“绿荫工程”让出消防通道，消除安全隐患；其次目标定位为通过管理清理外来车辆，为小区居民提供更多的车位，同时保证居民的休闲、娱乐设施。这种目标的主次排序，赢得了多数

居民的认同。

群众的工作需要持续地做。为防止少数不太了解情况的居民干扰施工，我们一方面加强和园林部门的联系和配合，做到社区工作人员和监管会成员每天有人在施工现场做群众工作；另一方面社区主任每天早来晚走，不坐办公室，坚持在现场巡视，让那些有意见和建议的居民有意见可以随时提，我们随时作出解释，随时用鲜活的例子、用改造后的效果说服群众。由于我们下足了力量，工程进展顺利。

民主协商是社区治理的最重要载体。在保证工程顺利进行的同时，社区、小区监管会、物业三方又多次召开会议，研讨下一步的管理问题，并达成一致，即坚持施工和管理同步进行，厘清各方面管理的细节，做到在施工结束前，出台一整套管理办法。这套管理办法包括三个方面：

（一）通过设置门禁系统达到对外来车辆的清理目的。在民政局领导的大力支持和区领导的协调下，门禁安装厂家依据小区入口较狭窄的特点，设计了70～80厘米中远距离读卡器，不仅解决了高峰期堵塞问题，也为下一步管理奠定了基础。

（二）通过制作发放四种不同颜色车证区分不同人群及停放类别。包括停放证、临时证、通行证、来访证，不同车证分别配有不同内容的温馨提示，并且每辆车都有专用编号的车证及门禁磁卡，证卡合一，这样就对各种车辆进行了基本分类，有利于对车辆识别和管理。为了保护居民隐私，在每个车证的正面我们只设计了简单图案，背后盖有居民委员会公章和温馨提示，人性化的服务得到了居民的支持与配合。

（三）通过不定期检查实现严格管理。我们不定期、在不同时间段加班巡查车辆，发现未放车证的车辆及时电话提示，并通过在系统后台核对信息，如发现磁卡转让现象，核实无误后，即从系统删除此卡信息，磁卡随即失效，达到严格管理、规范管理的目的。

社区与管理服务单位的密切合作是整个管理的重要基石。通过近半年的施工，“绿荫停车”工程顺利完成，小区的车位增加了、规范了，停车环境改善了，安全通道畅通了。随即我们也将工作重点转移到服务管理中。社区与物业坚持“监督不对立，合作解难题”的原则，实施长效管理。在民政局领导的协调下，佳立洁物业公司打破了以往管理规定，对于社区提出的增加门卫人员的要求，给予了大力支持。为了加强机动车管理，小区值班人员由每班一人增加到两人，并且选派了具有责任心的人员担任。值班人员认真负责的管理态度，收到了良好的效果。

在管理工作中，我们没有简单地把所有的管理职责全部交给物业，而是有分工、有合作。社区发挥掌握居民基本信息，和居民关系比较亲密的优势，只由物业负责按照《小区机动车停放管理规定》加强管理。对于管理中的个别问题，要求值班人员不要与居民或来访者发生任何冲突，只要记住车辆信息，把信息交给社区，由社区发挥善于做群众工作的优势来处理。2015 年 7 月，乐昌里小区旁开了一家“八里台小吃街”，其中有一个门在小区内，距离小区出入口很近，为了防止小吃街开业后影响小区环境，堵塞小区通道，社区与物业提前介入，多次与小吃街经理进行沟通，达成了只允许进货的车辆进入小区，卸货后马上离开。由于社区和物业的相互配合，达到了长效管理服务的目的。在服务管理期间，值班人员付出很多辛苦，一些司机的不理解，也让他们受了很多委屈，但是他们的坚持坚守换来了秩序井然的小区环境，最终也得到了居民的认可。

社区定期组织召开联席会，协商解决各类问题。按照考核机制，由社区物业协管员做好巡查工作，发现问题及时与物业助理联系告知，并督促改正。如发现楼门保洁不到位，及时照相并反馈给物业助理，由物业助理负责通知保洁员返工，再由物业助理将整改后的照片反馈给物业社工，保证了小区楼门内的卫生环境。

社区工作的辛苦，收获的不仅是小区的变化、群众的信任，更收获了对社区治理工作的心得。

社区治理必须围绕群众需求协商民主解决。“好风凭借力，扬帆正当时”。只有把群众所思所盼作为社区的所作所为，借群众需求发力，发挥好社区协商民主的作用，把百姓利益和社区职责捆绑起来，借助民心工程推进，让成果惠民，才能以广泛的群众基础实现社区治理。

社区治理必须依靠上级领导的支持。社区职能有限，管理中的很多问题需要上级相关部门的支持配合，特别是需要街道领导及相关科室的大力支持。正是由于区、街领导对社区管理工作的高度重视，为社区把关定向，给予社区支持和鼓励，才使社区治理工作取得了一点点成绩。

社区治理必须与服务企业形成良性互动关系。社区居民委员会、社区监督管理委员会、社区管理服务企业三者实施的管理监督职责虽然不同，但是管理目标是相同的。必须用共同的目标把三者紧紧地捆绑在一起，才能心往一处想，劲往一处使，增进互相间的协调配合，发挥所长、各尽所能、各司其职地共同管理好小区。

社区治理必须肯付出有担当。面对管理中的重重难题、种种可能，躲闪、逃避只能在工作上失败，在群众中失信；只有迎难而上，不怕辛苦，认真思考，反复琢磨，才能正确估计发展预期，不断完善思路，破解难题。

（作者单位：和平区新兴街道卫津路社区）

群策群力修复揣手门

辛凤英

新兴南里社区共有自然居民小区5个，118个楼门，纯物业小区2个；常住居民2693户，6913人，下设居民小组17个，设有议事协商委员会，委员13人，社区“两委”班子成员7名，隶属党员234名。多年来，新兴南里社区党委坚持以“服务群众抓党建”为核心，围绕“打造温馨和谐社区·共筑美丽幸福家园”这一主题，以协商民主自治为平台，通过民主协商议事会议事、执行、监督等管理形式解决居民群众热点难点问题，为居民群众做好事、办实事，营造了“群众积极议事，干群合力干事”的良好氛围。

一、背景介绍

辖区内的同发里4号楼共9个楼门230户居民，居住在这里的居民中老党员、在职党员、社区骨干、离退休老干部较多，鉴于此，社区网格员每次到他们家中问需求时，总能在第一时间听到他们的心声。靠近9门的揣手门，是大多数居民每天接送孩子、买菜、上下班的必经之路。4号楼是1995年建成的居民住房，至今已有21年，2015年4月，揣手门因年久开焊，材料腐蚀，造成大门松动倾斜，随时有倒塌伤人的危险。

二、过程做法

（一）老百姓的事情，老百姓反映

2015年4月23日一大早，4号楼8门楼长刘姨急急忙忙地来到居民委员会，代表居民反映昨晚大门突然损坏随时有伤人的危险。社区主任立即带着网格负责人赶到现场，并联系产权单位建发房管站的工作人员，查看了大门的情况，发现大门确有多处锈蚀开焊，但并不是导致大门松动的原因，主要原因是大门边上与墙体连接的钉子松动，摇摇欲坠，存在很大安全隐患。社区主任立即派工作人员打印安全提示张贴在大门上，提醒居民经过时注意安全，并用铁丝将大门暂时固定，然后与建发房管站协调维修事宜。

（二）老百姓的事情，老百姓商议

与此同时4号楼的部分居民也来到了居民委员会，说出了他们多年来的想法，希望借此机会把大门改成两扇门，敞开一半，居民推车进出方便。社区主任当即与班子成员商议，决定召开居民议事协商会议，广泛听取意见最后由居民自治协商解决。在楼长的协助下，会议于4月24日上午召开，4号楼30余名居民及社区议事协商会成员、社区领导班子成员、房管站的负责人一同参加会议。

会中有的居民认为小区比较僻静，本来就四通八达，担心以后丢车、偷盗现象会增加。有的人有不同意见，说这个门只能过行人，骑车出行实在不方便。最后只得举手表决，同意维修保持原样的有20余人，大多数人觉得小区安全最重要，还得保留揣手门，房管站负责人也承诺负责将大门维修好。为了征求全体居民意见，根据社区议事协商会的建议，在楼门张贴公示，将会议结果公示，如有不同意见，可在两天之内反馈至居民委员会。

两天内没有人提出异议，于是居民委员会再次召集上次参会人员协商，意见达成一致，请房管站协助维修。建发房管站负责人作为社区大党委成员单位，责无旁贷地承担了这项任务。

三、实施效果及体会

会后，建发房管站立即准备好工具、材料，当天就将大门腐蚀处维修、焊牢。大门坚固了，消除了安全隐患，居民们揪着的心平复了。

通过这件事，我们深深感到，面对涉及群众的难题只要充分调动社区居民的聪明才智，在工作中讲求公平、公开、透明、民主的原则，让群众主动参与，那么社区工作中将不再有难题。

此外，社区民主自治共驻共建浓厚氛围的形成，是与社区居民委员会积极推进民主自治、资源共享、文明共创、事务共管、难题共解的新格局分不开的。辖区单位天津市规划局多年与社区困难家庭结对子；西康路小学、九十中学在各重大节庆日与社区共同开展社会主义核心价值观教育活动。社区党委通过开展共驻共建活动，切实增强了辖区单位驻于社区、关心社区、建设社区的理念，较好地实现了物力、财力和其他社会资源的优化、整合和利用，形成资源共享，优势互补，共驻共建，共享共管的良好态势，不断提升社区服务功能，促进了社区建设的发展。

这种整合社会力量，开创社区自治的模式，在其他很多领域都能运用。今后社区将进一步完善协商民主自治模式，引入社工和社会组织的力量，建立“社区、社工、社会组织”和“民情征询会、协商民主会、监督评议会”的“三社三会”制度模式，着力解决联系服务群众“最后一公里”问题，实现服务群众零距离。

（作者单位：和平区新兴街道新兴南里社区）

居民协商议事　谱写社区和谐曲

张钢花

西康路社区居民总户数 1923 户，有医院、学校、企事业单位等 73 个。社区自成立以来，通过召开党建联席会、居民代表会、居民议事协商会等制度形成了“社区事、居民议、大家管”的新格局，畅通了居民利益诉求渠道，聚拢起“好声音”，提振了居民的精气神儿，为社区和谐发展增添了正能量。

一、“正能量”融化“负情绪”

在 2014 年和平区旧楼区提升改造工作中，为了使广大的社区居民成为政府这项惠民工程中最大的受益者，社区多次召开居民议事协商会，针对在改造中楼内的问题出主意提建议，把一些个性问题交给居民自己决定，社区积极配合，能够起到事半功倍的效果。由于社区里老旧楼和小独栋较多，几乎没有成片小区，每个楼门里的问题也是五花八门，各不相同，例如，昆明路 80 号楼 4 门和 82 号楼 5 门楼门里没有公用电表，居民对安装楼道公用灯意见不统一。有的居民安装了自己楼层的楼道灯，但是开关在自己家里，导致楼道里只能一层亮，其余层黑。为了让楼道全部亮起来方便居民出行，首先需统一居民思想，社区召开了第一次议事协商会议，征集居民意见，会上有的居民排斥安装公用电表，认为原来就是因为公用电表欠费才被电业局摘走，再欠费怎么办？坏了谁管？征集问题后，社区居民委员会就各类问题分别联系电力局和旧楼改造等部门咨询协调，又和居民代表到电力局查询楼门欠费情况。之后，居民委员会又组织居民代表、电力局工作人员、旧楼改造工作人员进行第二次议事协商会议，针对居民提出的问题，一一进行解答，并且解除了居民的疑虑。经过协商和做工作，最后大家统一了思想，同意出资安装公用电表。但是又有了新的问题：楼里居住的大多是老年人和双职工，谁来收费？空房户谁去通知？谁去电力局办理手续？电表卡放在谁手里保管？等等。解决居民的困难就是居民委员会义不容辞的责任，为居民服务是居民委员会应尽的义务，在第三次居民议事协商会上负责该网格的居民委员会主任当场表态，主动承担了各项工作。从挨家挨户收费，到电业局办电表卡，最终使楼道亮起来，居民全程参与实施过程和监督落实情况，每一个环节都感染着居民，居民委员会通过这件小事把居民凝聚起来。随后就是居民上下水管更换了，党员站出来了，楼长选出来了，志愿者出现了，最终党的惠民政策落实了，居民受益了。通过民主议事协商，不仅让居民融入到社区建设中，也拉近了居民彼此之间的距离，交流多了，关系融洽了。

二、“连心墙”唱响“和谐曲”

社区把民主议事协商，收集社情民意，作为服务居民群众的平台，除了吸纳居民骨干和党员参与议事外，还邀请人大代表、社区单位共同协商议事。

辖区内的和平区培育学校与惠东里小区共用一堵围墙，这边是学校的操场，那边是小区的甬道。原围墙3米多高，又是单行砖，加之年久老化，出现倾斜，存在着严重的安全隐患。为了确保学生和居民的安全，培育学校从教育局申请了资金准备重建围墙，但遇到部分居民的阻拦。有的居民担心新建墙比原来的高，遮挡自家采光，希望建成半透明的花墙，解决采光问题。有的居民担心培育学校借机会扩大操场空间，居民利益受损失。带着居民的种种顾虑社区召开了有社区居民代表、培育学校代表、管片民警、居民委员会成员共同参加的民主议事协商会。会议开始一些居民情绪激动，认为学校建围墙侵犯居民权利。培育学校的领导把与教育局沟通的结果，建围墙的标准及进程向居民进行解释，并承诺按原标准执行。民警作为第三方为这个问题给予见证，并表示负责协调在建设中出现的问题，给双方吃了颗定心丸。看到居民认可了，社区居民委员会主任也讲了培育学校的一些难处，因为该校学生都是智障的孩子，有其特殊性，要保护孩子的隐私和安全，不适宜建半透明花墙。学校的难处得到了居民的理解，最终双方达成了共识，在原来的基础上原样重建。随后社区网格负责人和民警到个别没到场的居民家中做思想工作，进一步征得他们的理解同意，最终得到大家的支持。在最后一次协商中，培育学校还在保证学校学生安全的前提下将围墙降低了50厘米，给居民让出了部分的采光，最大限度地满足了居民的要求，居民也积极配合清理了靠墙堆放的物品，方便学校施工。

新建的墙垒好了，学校和居民的担心顾虑消除了，大家心气顺了，社区更加和谐了。培育学校的老师带着孩子们慰问社区的孤老户，社区志愿者也为培育学校的孩子献上爱心，通过议事协商使更多居民和社区单位关心社区事务，参与社区活动。

通过探索和实践做好居民议事协商工作使我们体会到：一是问需于民，在召开议事协商会之前先要了解居民的需求，确立协商议题；二是以观察者和支持者第三方身份理性地协商，即客观、冷静、审慎地讨论、审议、对话和交流，从而增进共识，同时这是一个重要的重复过程；三是有效整合并发挥好社区大党委、居民委员会、物业公司、社区单位和社区居民等多方在议事协商平台中的作用，切实做到社区事务共商共议，整合资源，在达成共识的基础上合力解决问题，这是非常关键的；四是在社区协商操作过程中要秉承公开、平等、广泛、行动的原则，引导居民和社区单位等多方自觉参加到社区建设中来，增强社区自治能力，这样社区议事协商之路才会越走越宽。

（作者单位：和平区新兴街道西康路社区）

议事协商　服务居民

孙桂萍

社区开展基层协商民主议事，是有效保障群众的知情权、发言权、决策权，筑起社区、政府与群众之间的协商平台。金泉里社区围绕促完善、促深化，强化责任意识、抓队伍、促提高，强化自治意识、促规范，强化协调意识的工作宗旨，通过协商民主议事服务社区百姓。

碧云里小区是金泉里社区的自然小区之一，由4座20层的建筑组成，共计608户，居民以老年人居多。近年来，由于生活环境的变化和年龄的增加，许多居民大都患有各种老年疾病。2013年5月，在居民委员会主持召开的小区议事协商会上，大家集中提出，老年人出行困难的问题尤为突出。虽然进出有电梯，但是要走到楼外需经过一条7级台阶的楼梯，且楼梯坡度较大、台阶高度高，老年人行走起来十分不便，许多老人为此多次提出修建无障碍坡道的建议，希望能为老年人及残疾人解决出行问题，方便他们的生活。会后，我们就及时向有关部门反映，请求帮助解决。然后开始实地调研，经调研碧云里小区有4个高层楼门，确实存在楼梯坡度大、台阶高的问题。

在现场还发现，由于一楼的燃气管道阻碍了通道的施工，社区居民委员会工作人员通过12319服务热线及时与燃气集团输配分公司和平管线所进行了联系，和平管线所有关领导在第一时间就来到碧云里小区进行实地勘查，就燃气管道的走向和修改意见召开了议事协商会议，经过反复商议根据燃气管道施工图，制订了具体施工方案和落实时间。很快管线所的丰队长和田工程师亲自带领施工人员一起来到了碧云里，在经过充分准备工作后，对燃气管道进行了改造。

居民委员会组织社区部分居民代表又召开了第二次协商民主议事会，会后一方面向上级领导请示、汇报、协调，另一方面向居民把实地考察的情况介绍清楚，听取大家的意见和建议。最后决定先进行“障碍坡道民意调查”，听取每家每户的意见和建议。在调查后根据大多数居民的意见，进入无障碍坡道的准备施工阶段，同时再进一步调查，听取不同意见，最后得到全体居民的同意。在各级领导的帮助与协调下，和平区残联同意免费帮助解决坡道问题。

此项工作最后于2013年完成1～3号楼的坡道改造，于2014年完成碧云里4号楼的坡道改造，工程历时两年完成，受益群众600余户。

议事协商会议主要涉及社区居民普遍关心的社区建设与管理相关的社会事务。针对金泉里社区、团结社区建设中的薄弱环节和突出问题，通过协商会议，积极化解了社区内各类不和谐的因素，维护了居民合法权益；促进了社会资源共享，营造了和谐的社会环境。同时，开展基层协商民主也是一项新的探索，是一项系统工程，需要久久为功，常抓不懈。面对工作中需要解决的共同问题，金泉里社区党委经常与楼门党支部和楼长研究，充分发挥他们的作用；并且与人大代表和辖区单位沟通协商，发挥他们的作用，紧密保持与他们的联系，使辖区单位为社区提供的服务范围越来越广，力度也越来越大。

金泉里社区河沿道17号楼始建于1978年，一楼是底商，二楼居住着5户居民，共用一个厨房。河沿里改造燃气外网管道后，由于历史原因一直未开通暖气和燃气，严重影响了居民的生活质量。我们首先召开了第一次协商会，大家在会上都非常希望有关部门能够解决这些生活上的难题。会后社区及时联系供热站的领导来现场勘查，又找到辖区单位新兴卫生院，借助卫生院正在更换暖气外管的时机，借势解决我们的难题。第二次召集大家召开议事协商会议，征求大家的意见。大家都同意承担应交的费用，我们就利用医院的外管热源，联系供热站领导安排施工。此项工程于2013年供热期到来之前得到解决。居民的供热难题解决了，又提出解决管道燃气问题。社区居民委员会多次向燃气集团反映，请求帮助解决。在区领导和各个职能部门的协调下，目前暖气管道已经安装完毕，楼内公用电的问题也已经解决，楼道安装了照明灯，全楼居民都非常高兴，非常感谢各级领导。但17号楼是两层的老楼房，二楼住5户，共用8平方米厨房，各家都用煤气罐做饭，存在安全隐患。为早日解决居民的用燃气问题，我们通过一位人大代表帮我们请来燃气集团的领导，一同参加协商民主议事会。然后又与施工单位到现场勘查，并多次召开协商会，在人大代表的帮助下于2015年5月底办完各项安装手续，于当年6月30日顺利接通燃气，切实为百姓办了一件大事。

（作者单位：和平区新兴街道金泉里社区）

多方协调　合力排除安全隐患

王　震

一、背景介绍

律笛里社区居民们向居民委员会反映小区 9 门门前一棵大树因多年生长，近年来已将树旁的小区围墙挤至倾斜并导致墙体出现裂缝，随时有倒塌的危险。此外，该树旁边有两条供暖管道，此树现已将管道壁挤至凹陷，前两年每到供暖期打压试水时都出现了漏水现象，水流如注。这个问题给小区居民造成了一定的安全隐患。

二、工作过程

首先，了解居民们的诉求核实情况后，居民委员会先后联系园林绿化办、园林科、园林二所、建委行政审批园林口等多个部门反映此事，还写了警示标语张贴于被挤倾斜的围墙上，并用绳子将树和围墙圈起，又自行打印了多份安全警示挂在绳子一圈，警告居民远离围墙，以免围墙倒塌伤人。然后，将居民们所反映的情况写成文字材料，并入户进行调查统计，大多数居民同意联名反映消除安全隐患问题，整理好联名情况后上报给了园林各部门，绿化办、园林科、行政审批三个部门联合现场勘查进行审批，锯掉倾斜的大树。最后，联系围墙的责任单位房管站，将倾斜的围墙推倒后重新砌垒。

三、工作成效

通过社区居民委员会将居民反映问题记录上报，协调各职能部门现场勘查解决，为社区居民排除了安全隐患，使老人孩子都能安心、安全地出行了。

四、专业反思

社区管理涉及内容诸多，社区居民反映的事无小事，社区应发挥协调功能，联合各职能部门，切实解决居民诉求。

（作者单位：河北区律笛里社区）

坚持民主协商　促进社区文化团队建设

涂博君

新文化花园社区是一个具有鲜明特色的社区，由新典居、新雅居、新秀居、新丽居四个小区构成。晨练、京剧、模特、编织等一个个特色品牌文化团队活跃在社区，他们经常开展喜闻乐见的群众文化活动。在这些文化团队建立、发展的过程中，社区始终坚持各项活动民主协商，确保文化团队在丰富社区居民精神文化生活的同时，不影响居民的正常生活。

一、乐队扰民，矛盾突出

新文化花园社区，每周都有多个文艺社团开展活动，其中包括南市艺术团民乐队。民乐队平时除了参加各类公益演出服务之外，每周固定在社区活动站练习。民乐队的成员大部分是退休后喜欢民族乐器演奏的居民，乐队经过发展，现在也变得小有名气。慕名而来的爱好者越来越多，每次活动都有40余人一起合奏。为了追求更好的演出效果，经常下午1点多开始排练，久而久之，排练的音量给周围的居民生活带来了不小的影响，特别是有老人、幼儿的家庭，经常到居民委员会反映午睡时被吵醒，上夜班的居民没办法休息，有的只好在乐队练习的日子把孩子送到亲戚家，等到乐队练习结束再接回来，体弱的老人甚至表示一听锣鼓声就要犯心脏病。因为不堪其扰，居民和乐队发生争执的事件时有发生，常常闹得不欢而散。

二、共同协商，化解矛盾

为了解决乐队排练影响居民生活的问题，新文化花园社区居民委员会积极协调各方，首先是到活动站所在的新雅居小区内调查乐队活动的具体情况。了解到社区活动站楼上和周边的几个楼门居住的老年人居多，下午1点左右多数老人还在午休。而活动站的房子没有隔音设备，居住在活动站楼上和旁边几个楼门的住户受影响最大，不满情绪也最为强烈。居民委员会工作人员向乐队说明了情况，乐队负责人当即表示会积极配合社区工作，也当面嘱咐成员们排练时尽量控制音量，每次练习时尽量减少各类乐器之间较长时间的合奏，但是收效甚微。此时几个楼门长指出民乐队成员并不是社区居民，不是社区自己的群众组织，只是借用社区场地活动。现在这个乐队的练习已经影响了居民们的正常生活，纷纷要求居民委员会出面向上级主管部门反映，把乐队迁出活动站。为了避免矛盾扩大，工作人员再次与乐团负责人进行沟通，乐团负责人也表示无奈，排练时乐器合奏音量难免较大，再找到这么大的免费场所并不容易，因此坚持不同意搬离。乐队和居民一时僵持不下，工作人员一方面先向居民解释，迁走乐队不是一天两天就能解决的，请大家再耐心忍耐一段时间；另一方面，又与其他社团共同协商，考虑到上午小区居民多数外出买菜，孩子们上幼儿园，尝试更改乐队练习时间，将民乐队的活动安排在上午，尽量减少对居民生活的影响。但由于各种原因，几次协调也未能成功。为了保障社区广大居民的正常生活，为给乐团找到不扰民的合适的练习地点，居民委员会领导和南市艺术团领导多次沟通，要求南市艺术团作为民乐队的上级领导部门协助社区尽快将乐队移出社区，为乐队寻找合适的排练场所。几个月来南市艺术团多次走访其他社区和辖区单位，终于在2015年年底将民乐团的排练场所迁移到食品街南市会馆。

三、兼顾多方利益，促进社区和谐

南市会馆作为南市地区集戏曲、歌舞、民俗、摄影等于一体的群众文化活动平台，建筑面积约560平方米，这里宽敞的环境保证了乐团成员的正常排练，乐团成员也对新的排练场地感到满意，乐队迁出新文化花园社区后，小区恢复了往日的宁静，居民们的生活恢复了正常。居民委员会通过对话协商，既做到了避免扰民，又找到了适合乐队活动的场所。居民们和民乐队成员都对居民委员会和南市艺术团认真负责为民服务的态度和做法非常满意。

正是通过协商民主，群众文化社团才得以正常发展，社区文化才能够像现在这样丰富多彩；也正是因为运用协商民主的方式去解决问题，畅通了民意诉求渠道，把矛盾化解在基层，切实为群众排忧解难，增强了社区凝聚力，提升了居民对社区的归属感和满意度。

（作者单位：和平区南市街道新文化花园社区）

畅通协商渠道　共建美丽社区

张宝文

昆明路社区位于和平区南营门街道中西部，东起贵阳路，西至鞍山道，南起兰州道，北至南京路，辖区面积 11 万平方米，77 个楼门，户籍居民 4930 户、16443 人，现居住 2702 户 8109 人。由 5 个小区组成（安宁里、市政里、众诚里、华胜村 4 个准物业小区，金德园 1 个纯物业小区）。

一、背景介绍

昆明路社区是和平区第一批旧楼区改造小区，随着时间的推移，许多设施已超出使用年限，其中众诚里小区大门年久失修，存在着严重的安全隐患，2015 年 12 月 23 日，社区居民反映小区四平西道一侧的大门衔接部分已损坏脱落，随时可能在开启时砸到过往的车和行人。然而小区大门的维修却没有直接负责的部门，更没有部门承担修理费用。居民认为应由政府负责并承担维修费用；社区准物业部门说没有这笔经费，无法承担；旧楼区改造部门认为小区改造已超过保修期，也不应承担维修费用。这个安全隐患问题成为困扰社区居民的大问题。

二、主要做法

社区居民委员会在广泛开展政务、事务、财务公开的基础上，通过居民的事居民议，制订了协商计划。

（一）集民意。根据居民提议，居民委员会就众诚里小区大门维修的议题召开楼门院长骨干会议，邀请居民代表、小区准物业代表参加，并到现场进行“一事一议”。在讨论中收集到居民群众最关心的问题有：小区大门的维修费用需要多少、应由谁来维修、谁来承担维修费用、其他的各出入口大门是否也存在安全隐患、今后此类无主管部门的事情谁来管等。

（二）访民情。根据收集的民意，为了更进一步了解真实情况，居民委员会发挥社区志愿者和在职党员的作用，请有工作经验的志愿者和党员利用自身所长，联系多家维修企业对小区大门的维修费用进行评估；然后把情况上报街民政科、城管科共同探讨如何解决；同时发挥楼门院长的作用，入户征求居民对维修的意见，引导居民自觉地参与到为小区建设提建议的议事协商中来。

（三）议方案。根据走访和摸底情况，提出以下解决方案：

1. 小区大门一定要维修好，其他各出入口的大门也要一并检修，排除安全隐患。

2. 由有工程维修经验的社区志愿者寻找并监督有工程维修资质的企业进行维修。

3. 由于政府为民服务经费拨付款项中，其中一项可用于社区内无主管部门的设施维修，故大门的维修经费经街道民政科批准从社区为民服务经费中支付。

解决方案提出后，社区居民委员会再次邀请居民代表、楼院长、社区志愿者就方案进行讨论，得到一致通过。

4. 抓落实。方案通过后，社区居民委员会紧抓落实，在 2016 年 1 月初确定由专业维修企业负责施工，共花费 2400 元，居民委员会及社区志愿者进行全程监督。修好了损坏的小区大门，并检修了其他出入口的大门，排除了安全隐患。居民、车辆出行更加安全，美观、方便的大门让更多的居民热爱自己的家园，更重要的是，更多的志愿者愿意走出家门参与小区议事协商活动，为小区建设得更美丽出谋划策，贡献自己的力量。

为了有效满足群众对公共事务、热点话题参与的需求，拓宽群众民主诉求表达的渠道，建立健全民主参与机制，引导居民自觉参与到社区建设和社区议事协商活动中来，2015 年换届选举后，昆明路社区居民委员会严格居务公开制度，内部管理按照和平区社区标准化建设统一标准的要求，健全内部管理制度和为民服务制度，严格错时工作制度，填补服务空缺，提高工作人员一专多能的业务水平，加强为民服务考核，切实注重为民服务的（时）实效性；外部公开惠民政策、工作程序，涉及居民的事，居民说了算，让居民事有人听、时事有人讲、难事有人管，延伸了居民委员会服务触角。居民协商的内容不仅涉及邻里纠纷、社区物业、家庭困难、民政优抚，而且包括政策咨询、民族团结、治安联防、计划生育、护绿保洁、就业创业、青少年教育、信访维权以及婆媳拌嘴、邻里不和、乱倒垃圾、乱倒脏水、影响家庭邻里和睦的小矛盾等方面的内容。

三、专业反思

民主之基在基层。通过一段时间的实践，居民已从被动接受到主动参与社区事务，从环境治理到惠民帮困，从团队活动方式到小区文明创建，越来越多地参与到社区事务协商办理中来，社区居民委员会与居民在指导思想上相通，注重按照协商于民、协商为民的要求，坚持决策前协商的原则，以健全基层社区党组织领导的、充满活力的基层自治机制为目标，以扩大公民有序参与、推进信息公开、加强议事协商、强化权力监督为重点，让人民群众直接享有民主权利。在协商内容上相通，社区居民委员会重视群众最关心、最期盼、最想解决的问题，小区居民反映强烈、迫切要求解决的实际困难和矛盾纠纷；党和政府的方针政策、工作部署在社区的落实；小区综合治理等法律法规和政策明确要求协商的事项。在协商程序上相通，社区居民委员会制定了居民和社区单位能够直接参与决策的民主程序。如居民代表大会、楼院长骨干会、“两委”座谈会、听证会、共驻共建联席会、议事协商会等形式，并利用人大代表工作站、政协联络站、党代表工作室等平台，把党内民主程序、党政联席会议程序、党政群共商共治程序、居民民主程序等各种基层协商程序结合起来做到了事情共商、资源共享、难题共解、文明共创和活动共办，共创一个美丽社区！

（作者单位：和平区南营门街道昆明路社区）

民主共建　美丽社区

薄金蕊

文化村社区隶属南营门街道办事处，与和平区相邻，社区面积 75900 平方米。居民区由两个院落组成，其中一个是文化村大院，为天津医科大学等单位的职工宿舍；另一个是鞍山道 168 号大院，为原电子部十八所的职工宿舍，社区居民的文化素质普遍较高。社区共有居民楼 15 栋，53 个楼门，房屋结构多为 20 世纪 70 年代修建的老式单元房。随着时代的变迁，许多年轻人搬离了老社区，现居民大多是留守老人和部分新住户。截至 2014 年年底，社区常住的 2270 人，其中 60 岁以上的 589 人，占社区总人口的 26%。其中空巢老人 343 人，独居老人 65 人，80 岁以上老人 111 人。社区党员 175 人，社区党委下设 5 个党支部。近年来，社区党委以党建为龙头，充分发挥社区党组织和党员骨干的核心带头作用，通过民主协商，组织发动广大党员干部群众，积极参与社区建设，对社区的各类工作共建共议，实现民主自治共建美丽社区。

一、案例背景

文化村社区过去是一个名副其实的“村”，小区内到处是私搭乱盖的小屋，小商小贩云集，道路坑洼不平，环境较差。在区、街道领导的重视下，经过 2007 年、2011 年、2013 年三次改造提升，使小区环境发生了翻天覆地的变化。社区居民委员会在充分利用现有资源的同时积极发动社区工作者、网格员结合各种主题教育积极开展各项喜闻乐见的文娱活动，调动了居民参与社区建设的积极性和创造性，提高了居民对社区建设的认同感和归属感。现在的文化村社区道路平坦、绿树成荫，无论是生态环境还是人文环境都发生了翻天覆地的变化。没有了小商小贩，取而代之的是干净整洁的便民超市，拆除了私搭乱盖，取而代之的是绿地花池。如今的社区树木林立、通道平坦整洁，2015 年文化村社区还荣获了天津市美丽社区的光荣称号。社区居民们都为自己的小区感到骄傲和自豪，主动维护社区的环境卫生。社区党员骨干、志愿者们在日常生活或巡逻过程中，发现小区保洁、楼梯擦拭、小广告的张贴、信报箱的擦拭等存在问题，直接影响了小区环境的整洁美观，居民们也总是对此表示不满。社区根据居民反映的问题，立即召开班子会研究解决方案。一方面要求社区卫生社工、物业社工和网格员加强巡视，发现问题及时解决；另一方面召开社区居民代表大会，集思广益建立长效管理监督机制，以保证社区的环境长美不衰。

二、解决办法

根据居民反映的具体问题和社区平时收集的情况，我们进行了深入调研分析总结，决定社区卫生社工、物业社工和网格员要加大巡查管理力度，发现问题及时解决。同时，为了有效地对社区外环境实施全天候监督管理，要充分发挥社区居民的监督作用，增强社区居民参与社区管理和建设的意识，确保实现民主自治管理。社区居民委员会首先组织召开了社区议事协商会，大家集思广益、出谋划策。经过充分协商，一致认为要从提高居民环境意识和加强对物业公司监督考核两个方面着手，最终达成了成立社区物业管理委员会的决定。之后通过召开居民代表大会选举产生了由居民代表、居民委员会成员、产权单位等相关人员组成的物业管理委员会，并制定了相应的制度和措施。社区一方面通过丰富多彩的活动向居民宣传爱护小区环境，另一方面组建社区志愿者巡逻队和物业管理委员会的成员轮流坚持每天在社区巡视，积极宣传并发动群众监督举报张贴小广告人员，发现情况及时劝阻并报告给物业主管社工，监督小区物业清扫保洁卫生状况，发现问题随时反馈到社区，由物业社工立即通知小区物业主管进行限时整改。每月定期召开物业管委会联席会议，随时听取社区居民对物业管理及社区卫生环境的意见建议。小区物业主管将对大家提出的问题进行分类并制订整改计划。

三、取得的成效

物业管理委员会的成立，不仅加强了对社区环境的长效监管，同时增强了社区居民参与社区建设的意识。居民的知情权、参与权、监督权得到充分保障，居民主动参与社区建设和社区事务管理的积极性更加高涨。现在的小区干净整洁，绿树成荫，无卫生死角、无暴露垃圾、无乱设摊点、室外公共设施维护及时无破损。小区是准物业小区，日常小区的保洁和楼道的清扫都由物业负责。物业管理委员会的成立对维护社区环境起到了很好的监督作用。社区还组织志愿者、党员骨干定期开展检脏护绿、清理卫生死角、擦洗健身设施等义务劳动，既调动了社区居民参与美丽社区建设的积极性，又通过活动提高了社区居民维护社区环境的自觉性，确保了社区人文环境长期整洁。

四、存在问题和今后打算

通过大家的共同努力，美丽社区建设取得了一些成果，但在管理和维护方面还存在着不足。比如，小区内楼道小广告清理得不够彻底，个别居民在楼道内的堆物或生活垃圾也不能及时清理等，这些都给美丽社区建设造成不良的影响。今后社区要充分调动社区各方面的力量。社区居民委员会要逐步建立健全与居民的联系、服务、沟通、监督、党建等机制。社区要把民主协商作为主要途径，充分发挥议事协商会和居民代表大会的作用，使更多的居民能积极参与社区民主自治建设，贡献个人才智，承担社区责任，分享社区成果，让社区资源得到充分利用，真正形成“社区是我家，建设靠大家”的氛围。

（作者单位：和平区南营门街道文化村社区）

共商共议筑起消防安全屏障

李　伟

一、案例背景

百货大楼社区所辖区域为金街两侧，北起张自忠路，南至河北路，东起四平东道，西至多伦道，面积为 0.21 平方千米。辖区居民 2090 户、6125 人，常住户 610 户、1658 人，其中外来暂住人口 201 户、619 人，空巢独居老年人 339 人、残疾人 236 人，共有居民楼院 171 个，社区单位将近 140 个。居民住房多数是七八十年房龄的老楼旧屋，辖区内道路狭窄，人口密集，伙楼院多，供电、供气等设施陈旧，火灾隐患问题非常突出。

近几年来，面对社区安全防火工作的严峻形势，社区充分发挥居民代表大会、议事协商会作用，共商共议共建社区消防工作，坚持宣传教育、载体建设、齐抓共管，促进了社区安全消防工作有序规范、深入开展。群防群治网络不断深化完善，居民安全意识不断增强，社区消防隐患得到有效控制，达到了“四抓四促四强化”的效果。

二、具体做法

（一）抓载体、促完善，强化群防意识。针对社区的特点，探索做好老城区消防工作的途径和方法，努力实现火灾起数、伤亡人数、财产损失降低到最低水平的目标。社区通过召开居民代表大会、议事协商会讨论研究消防安全建设，组织开展“共保消防安全、共建平安社区”活动，在和平消防支队的支持和帮助下，社区成立了全市第一家“社区居民消防学校”，《天津日报》《今晚报》分别进行了报道。社区消防学校由和平消防支队警官和具有消防专业知识的社区居民代表担任教员，制订了系统的学习培训计划，定期对居民和辖区单位保卫人员进行消防知识培训。根据季节防火重点，每季制订防火计划和培训内容。通过现场讲解消防知识，进行安全自救演示，组织自救逃生演练，提高了居民群众的安全消防意识和防范自救技能。随着“共保消防安全、共建平安社区”活动的不断深入，社区消防学校还将消防教育和消防培训深入到每个楼院，利用晚间和周末对楼院中的居民进行消防安全教育和普及工作。

（二）抓网络、促深化，强化责任意识。为了确保安全防范措施真正落到实处，社区按辖区划分消防责任区域，细化职责内容。一方面，加强和完善了应急处置网络，社区建立了由社区志愿者、楼门院长组成的火灾监控小组，在重点部位设立了76个消防报警点和消防器材存放点，171个楼院内全部安装了烟感器，按片划分了7个责任区，逐人逐片地落实消防责任。根据实战要求，制定了火灾处置程序：第一时间报警，第一时间到现场，第一时间组织疏散人员，第一时间组织群众扑救初起火灾，形成了较为严密的社区消防网络。另一方面，加强和健全了消防排查和监管措施，由社区党员、楼门院长、积极分子定期对伙楼院和流动人口集居地等重点区域进行安全隐患的排查；由社区消防志愿者定人承包空巢孤寡老人住户，负责安全措施的落实；由社区单位协调会对社区单位消防重点部位进行集中排查，及时消除隐患；由街道干部、社区主任、管片民警、和平消防支队驻街消防特派员，共同对隐患区域进行检查清理，形成了各尽其责、齐抓共管的整体合力。

（三）抓队伍、促提高，强化自治意识。社区将具有一定消防知识和防火救助技能的居民，驻街单位保卫人员组织起来，建立了消防工作两支骨干队伍。一支是社区志愿者义务消防队。由消防警官定期进行技能培训，熟悉和掌握社区水源道路、房屋结构及防火设施情况，熟悉和掌握各种消防器材用途及使用方法。义务消防队每季度组织一次疏散预防演练，一旦发生火灾，负责处置初起火灾的扑救和群众疏导工作，配合消防队灭火救灾。另一支队伍是社区志愿者消防宣传督导队，依靠这支队伍在社区内巡回开展消防安全宣传，查找和发现火灾隐患，及时动员和督促居民进行整改，真正做到“防火于未燃”。为了增强社区消防宣传教育的效果，由居民代表王阿姨、刘阿姨等十几位志愿者组建了“老妈妈消防安全说唱团”，自编自演“消防安全三句半”“山东柳琴说安全”等脍炙人口、通俗易懂的节目，以生动活泼的文艺形式在社区大街小巷进行消防安全宣传，增强了居民的安全意识和消防安全知识，获得了良好的效果。社区设立了消防宣传栏，在每个院落贴挂了安全提示牌，编写印制了以宣传消防知识为主要内容的《致居民群众的一封公开信》，及时发到每户居民家中。社区还组织居民开展消防安全问卷答题活动，并适时举办消防知识竞赛和文艺演出，动员和吸引居民群众广泛参与。

（四）抓机制、促规范，强化协调意识。社区建立了消防安全协调小组，由社区党委、居民委员会、社区警务室、驻区单位负责人和社区居民代表担任成员，全面负责社区消防工作的统筹、协调和领导，做到了社区消防工作有人抓、有人管，分工明确，责任落实。为促进社区消防工作有章可循、不断深入，社区结合工作实际，逐步健全和完善了《社区消防安全制度》《社区安全工作领导小组工作职责》《社区消防学校工作职责》《社区消防志愿者义务消防队工作职责》《社区消防义务督导队工作职责》《社区消防安全网络工作职责》等“一个制度”“五个职责”，对每个组织的职能、每个环节的工作都进行了明确规定。同时，社区与街道综治办、和平消防支队共同加大工作推动和达标检查的力度，定期进行工作考评，使社区消防工作目标真正落到了实处。

三、案例启示

社区采取共商共议、共驻共建开展“共保消防安全，共建平安社区”活动，是新形势下做好社区消防特色工作的尝试和探索，是社区在治理与服务实践中，运用社区协商民主方法引导居民及辖区单位自觉参加到社区建设中来，切实做到社区事务共商共议、共驻共建。下一步，我们要继续抓好工作内容、工作环节的完善与细化，深化居民代表大会、议事协商会等协商民主方法，以做好居民区安全防火工作的实际行动，为社区广大居民群众和社区单位创造一个平安、和谐、美丽的外部环境，让社区成员安居在社区、满意在社区。

（作者单位：和平区劝业场街道百货大楼社区）

多方联动民主协商　饭店油烟不再扰民

闫　琨

民主协商是对经济社会发展中的重要问题和人民群众关心的热点难点问题进行协商讨论，在协商中深化认识、消除误解、增进理解、达成共识。通过协商，广开言路、广集民智、广求良策，把社会各方面的意见、愿望和要求进行系统、综合的反映，使党委、办事处的决策更加符合实际、顺应民意。

一、案例背景

现今的城市生活中，沿街小区的居民楼由于地段好，一楼会开设一些小吃店和饭馆，油烟扰民的问题层出，给楼上居民的生活造成了困扰。市政花园小区201室的居民就为此苦恼不已。楼下餐馆的油烟使家里朝北房间窗户不能打开，上面已经积了一层厚厚的油污。在小区餐饮业排放油烟所带来的负面影响中，最明显的就是油烟呛人，影响居民的身心健康。

二、具体做法

据社区居民委员会专人调查，两家餐饮店只有一家做了隔油池，另外一家已开始做初步的净化，前期采用的是低排方法，效果并不好。必须采用排烟效果好的高排方法，方能取得好的净化效果。如果采取排烟效果好的高排，则需要竖立排烟管，不仅需要本楼全体业主同意，而且成本较高，餐馆表示自己无力承担。

为了切实解决油烟扰民问题，减少纠纷发生，还小区一片整洁干净的环境，社区居民委员会、小区居民代表、综合执法、物业，以及餐馆商家共十余人商议一楼油烟扰民问题。

会上居民委员会将调查的数据向大家作了汇报，同时告知商家油烟问题的严重性和亟待解决的迫切性，必须采用排烟效果好的高排方法，才能彻底解决问题。居民委员会表示，竖立排烟管，需要全体业主的同意，愿意出面协助商家与全体业主进行协商。同时告知商家，如果该问题得不到妥善解决，居民与商家的关系会更加恶化，从长远来看不利于商家的良性发展。考虑到改造成本较高，建议双方合作，共同承担改造费用，既有利于问题的解决，也有利于双方关系的缓和，实现双赢。经过协商，商家终于认识到自身的问题，在经营的同时更要考虑到良好的社会效益和业主的安全、环境的整洁。两家店主同意共同出资改造排烟系统。会上，物业公司也表示将在日后的工作中继续督促他们做好环保工作。参会的综合执法代表提出："一些餐饮店在未办理环保行政审批许可的情况下，就先通过一些途径取得经营许可权并投入经营。出现油烟扰民投诉被环保部门查处时，则采取抵触的态度。这种情况下需要多部门联合执法方能有效解决。此次会议成功，则得益于社区前期做了大量的调查和调解工作，从而促进了商家整改。"

社区居民纷纷表示：如今社区推行的民主协商，真正体现了各方的民主权利。社区负责人认为：现在老百姓的民主意识增强了，社区民主协商提高了社区居民民主自治程度和居民参与社区事务的热情，有助于建立公共约束机制和树立公共权威，是个很有效的尝试。

三、效果与体会

此次多方联动民主协商解决油烟扰民的案例，一方面增强了社区居民参与社区管理的积极性和主动性。通过积极推行民主协商，社区群众的主体地位得到充分体现，群众的话语权得到有效体现，话有地方说，意见有地方提，并能随时了解社区内各项事务进展情况。社区群众愿意并且积极主动参与居民委员会组织的各项活动，使得居民委员会的凝聚力和战斗堡垒作用进一步显现。另一方面是发展了稳定和谐的社会局面。通过积极推行民主协商，使居民在社区事务决策与管理中的作用得到充分发挥，使得干群之间、群众之间、居民与商户之间因社区管理而产生的矛盾得到化解，从而使社区各种关系逐渐理顺，夯实了维护稳定和长治久安的组织基础和群众基础。

此次多方联动民主协商解决油烟扰民的过程，也反映出了社区工作者前期的深入调查和耐心调解工作的必要性。作为一种方便高效、经济实用的纠纷处理方式，在处理纠纷中发挥着重要的作用。满足了居民的需要，维护了邻里关系的和谐与稳定，促进了社区的健康与文明。

（作者单位：和平区五大道街道华荫南里社区）

发挥共建共议优势　推进美丽社区建设

王俊萍

和平区小白楼街道树德里社区是1976年唐山大地震后重建的居民小区，辖区面积0.2平方千米，下设52个居民小组，有户籍居民1690户，4056人，社区内有市属、区属单位28个，设党委1个，党支部5个，社区隶属党员133人，离退休干部242人。近年来，社区党委先后围绕创建全国服务型党组织、市级优秀示范社区、文明社区、环境友好型社区，以党建工作为统领，充分发挥党组织的政治核心作用，通过民主协商，组织发动广大党员、干部、居民群众，形成优势互补、资源共享、共建共议的强大合力，共建美丽社区，探索出一条加强党建工作、强化社区管理、提升社区形象、服务居民群众的有效途径。

一、背景介绍

树德里社区是个典型的老旧小区，老年居民占社区总人数的1/4。为了使老年居民得到更好的照顾，社区先后多次开展“365为老服务基地”“睦邻连心站”“党员贴心服务站”“低龄助高龄”等活动项目。通过活动招募社区志愿者参与，为空巢老人、独居老人提供服务。但是，在活动过程中，居民委员会也发现，社区志愿者只能提供一些买菜、做饭等简单的日常服务。对一些老人家中出现的电器故障、水管堵冒等问题，社区由于没有相应的专业人员，一时很难圆满解决。尽管社区也帮助联系了社会的服务机构但居民难以支付较高维修费用。最后，社区党委通过走访联系到多家辖区单位，由这些单位中有相应技术的人员入户为有需要的老年居民提供服务。经过一段时间的努力，有越来越多的辖区单位的员工加入到社区志愿者的行列。社区和辖区单位的沟通协商次数越来越多，关系越来越紧密，辖区单位为社区提供的服务范围越来越广，服务力度也越来越大。依托这些辖区单位的力量，树德里社区于2013年在全市率先成立了学雷锋志愿服务站。

二、主要做法

在多年的工作中，社区党组织和各辖区单位党组织建立了沟通协商的良好关系，合作共事的范围不断扩大，通过学习借鉴各地经验，社区共建共议工作全面铺开。

（一）建立组织领导机制。社区共建共议工作由街道党工委统筹安排、宏观指导、检查考核。社区党委制订计划，组织协调。成立了党建工作联席会，社区党支部书记任组长，各驻区单位党组织负责人为成员。社区党支部和驻区各单位党组织共同研究制定了《党建工作联席会议章程》，明确了共建共议的内容要求和各自的权利义务，使工作开展有章可循，并签订《社区共建共议协议书》，把共建共议的关系有效地固定下来。党建工作联席会定期召开，及时通报共建进展，共同决策共建项目，共同承担共建任务。

（二）建立民主协商机制。一是季度例会制度。党建工作联席会一般每季度召开一次，遇有重大问题和突发事件可临时召开。二是征求意见制度。会议议题一般由社区党支部提出，其主要内容是：围绕区、街道及社区中心工作，需要共同完成的工作事项；围绕社区建设和社区工作，需要成员单位支持解决的人、财、物等问题；围绕定期征求社区民情民意，需要协调解决居民反映的热点难点问题等。三是讨论表决制度。会上，社区党支部要对提出的议题实施方案进行解释说明，由各成员单位负责人充分讨论，进行逐项表决，半数以上成员通过后形成决议或决定。不能通过的，由社区党支部按照会议讨论情况进行修改，再次交流沟通后提交下次会议讨论表决。

（三）建立督察考核机制。一是推行“双向承诺”制度，将驻区单位党组织与社区党支部签订的共建共议协议书，在一定范围内予以公示，接受全体社区居民的监督。二是建立“双向反馈”制度。社区党支部将在职党员参加社区建设的情况向驻区单位党组织反馈；驻区单位党组织发展党员、选任干部，必须征求社区党支部的意见。

（四）营造共建良好氛围。大力宣传共建共议的重大意义，大力宣传“社区是个家、情系你我他、建设靠大家”的社区建设理念，使驻区单位党组织和广大党员干部巩固党的执政基础和社区基层政权，加快城市化建设进程的战略高度，强化属地管理意识，增强主人翁意识，积极主动参与社区工作，通过在同群众朝夕相处中为群众办好事，以实际行动增进对群众的感情、增强服务群众的本领。

三、工作成效

（一）增强了党组织的凝聚力，发挥了党员的先锋作用。为了不断深化基础服务型党组织建设，社区开展了“党政机关、企事业单位在职党员到社区报到开展志愿服务”活动，在职党员利用八小时外的业余时间，下沉社区，到家门口、到群众中开展志愿服务。在职党员作为社区党建力量的有力补充，是构建和谐社区的重要力量，是察民情、解民忧，转变党员干部作风，密切党群干群关系的重要渠道，也是党员在群众身边自觉发挥先锋模范作用的有效载体和平台。

（二）有效整合了资源，加强了社区建设。以深化社区党支部工作为契机，发挥共建共议的优势，组织公安、司法、卫生、家政等多家单位，结合实际开展公安、民政、计划生育、法律、医疗服务、劳动就业等“进社区”活动。驻区单位从人、财、物等方面大力支持，社区成立的警务室、法律咨询服务、家政服务等部门，由驻区单位定期派人值班服务。共建共议使社区党组织与驻区单位党组织的关系更加紧密，促进了人才、经费、场地、设施、信息等资源的统筹共享，实现了党建资源的优化配置和集约利用，有力提升了社区建设和社区工作的水平。

（三）践行了群众路线，解决好服务群众“最后一公里”的问题。各驻区单位党组织定期组织人员上门入户、发放征求意见表、召开居民座谈会等多种形式征求意见，了解居民所需所盼，切实解决难题，让居民群众共享社区共建共议成果。开展文化惠民服务。社区戏缘评剧团在辖区单位天津市政协医卫文体处的支持下，与天津评剧白派剧团取得联系成立“爱白派”评剧团，专业老师多次到社区进行指导，使演艺水平得到很大提高。和平区卫生局和和平区检察院等单位都无偿提供场地。开展扶贫助困“便民”服务。各辖区单位主动与困难家庭达成帮扶协议，定期走访慰问。社区低保对象宋莹萱由于患有精神残疾，2015 年夏天不慎从自家五楼阳台坠下，致使双腿骨折，高昂的医疗费使本来就贫困的家庭经济雪上加霜。辖区单位天津市政协得知后积极联系市总医院减免医疗费用并组织单位职工捐款，帮助这个家庭渡过难关。开展平安建设“保民”服务。社区建立司法调解室，成立社区警务室，司法和公安等单位的入驻帮助社区化解各类矛盾纠纷。

（作者单位：和平区小白楼街道树德里社区）

协商共建绿色环保社区

崔 晓

和平区小白楼街道崇仁里社区是1976年唐山地震后重建的居民生活小区。辖区面积0.19平方千米，现有居民2179多户，6207余人。绿化率达54.16%，是远近闻名的和谐社区。近年来，社区党委先后围绕创建绿色社区、市级优秀示范社区、文明社区，通过民主协商，组织发动广大党员、干部、居民群众，形成优势互补、资源共享、共建共议，共建美丽社区的强大合力，探索出一条绿色环保节能社区的创建、强化社区管理、提升社区形象、服务居民群众的有效途径。

一、背景介绍

崇仁里社区是个典型的老旧小区，随着人民生活水平逐渐提高，对社区居住环境也有了新的要求。在全民倡导绿色环保的大趋势下，社区党委、社区妇联通过走访居民，联系辖区单位和环保公司的技术人员入户为居民讲解垃圾分类，让更多的人加入到绿色社区的建设中来。

二、主要做法

在区、街道妇联和环保公司以及辖区单位的指导下，社区党组织合作共事的范围不断扩大，通过学习借鉴各地经验，社区共建共议工作全面铺开。

（一）加强组织领导，建立民主协商机制

为深入学习十八届三中全会、四中全会精神和习总书记系列讲话精神，全面落实天津市“绿色生活在我家”和区、街道妇联对“美家美院”创建活动的安排部署，社区共建共议工作由区、街道妇联统筹安排、宏观指导、检查考核。社区妇联制订计划，组织协调。结合社区工作实际，巾帼护绿工作联席会、社区妇联制订了创建活动方案，并成立了绿色生活在我家创建工作领导小组，由社区主任担任组长，妇联主任任副组长，各网格员和社区民警组成，建立健全了工作机制。并签订了《垃圾分类社区共建共议协议书》，把共建共议的关系有效地固定下来。社区巾帼护绿工作联席会定期召开，及时通报共建进展，共同决策共建项目，共同承担共建任务。动员社区妇女积极参与市容环境综合整治，开展生活垃圾源头分类，推进“生活方式绿色化”，助力美丽天津建设。

（二）推广垃圾分类，创建示范社区

为了向社区居民宣传垃圾分类的相关知识，推广资源节约理念，倡导绿色生活，崇仁里社区开展了丰富多彩的活动，吸引广大社区居民的参与。

1. 启动垃圾分类，倡导绿色生活。为了增强居民对垃圾分类知识的了解，社区居委会开展了垃圾分类宣传讲座。请来环保科技公司专业人员，通过观看 PPT 演示，让居民直观地了解如何进行垃圾分类以及该如何分类、分类后如何处理。社区还在现场设立了废旧电池回收桶，倡议居民不要随意处理废旧电池。同时，在社区文化小广场举行了居民生活垃圾分类启动仪式。以“积极参与垃圾分类，共同呵护绿色家园”为主题，在现场布置了垃圾分类宣传展牌。社区居民委员会向社区居民发出了垃圾分类倡议书，得到了社区居民的积极响应。

2. 举办“垃圾分类绿色环保”趣味运动会。为推动“美家美院”创建活动深入开展，动员广大妇女和家庭践行绿色生活方式，树立生态文明理念，社区举办了以“垃圾分类绿色环保”为主题的趣味运动会。所有的

比赛项目都结合了废物利用，所有道具都是用废旧物品制作而成，在潜移默化中将垃圾分类的知识和理念寓教于乐；大家在运动场上享受欢乐，收获知识，播下了“垃圾分类的先行者”和“现代文明”的火种。

3. 开展绿色生活大讲堂系列活动。为了提高社区居民参与活动的热情，我们还邀请了区妇联干部为社区居民进行了“美家美院绿色生活”讲座，从环境污染的起源到环境保护知识，再到垃圾分类处理，进行了生动地讲解。居民提出自己的见解和看法，区妇联干部给予耐心的解答。

4. 组织青少年开展“社区小主任”活动。为了提高未成年人参与意识，社区寓教于乐，加强养成教育，共建美好家园。社区组织耀华中学的学生开展“社区小主任”系列活动。通过观看垃圾分类公益宣传片、开展“我是环保小卫士”、护绿小天使、社区小主任、环保一日行等主题活动，使孩子们感受到垃圾分类的重要性。并带领学生们与社区居民一道参观位于南市食品街的垃圾分类处理站，查看了社区分类垃圾的投放过程，了解了垃圾分类处理的方法。

5. 志愿服务，巾帼护绿队在行动。社区巾帼志愿者是绿色生活的倡导者，同时也是“美家美院”活动的奉献者。她们积极参加“爱绿护绿我参与”主题实践活动，在认领的树上挂上亲手制作的“绿树认领卡”，并捡拾绿地内白色垃圾，展示了社区妇女的风采。

6. 搞好有机结合，提高居民参与意识。为了提高社区居民群众的参与率，我们注重结合，以“共建美丽天津、共享美好生活”“市容环境大清洗、大清扫、大清理”等活动为契机，加大宣传力度，鼓励居民参与垃圾分类活动，提高社区居民维护社区环境的意识。

三、工作成效

倡导绿色环保、行动的社会效果显著。“垃圾分一分、环境美十分”，成为社区居民挂在嘴边的一句话，垃圾分类现已逐渐成为居民日常生活中的自觉行为和良好习惯。通过参与各项有意义的活动，青少年主动担任社区的环保使者，并在暑期多次参加垃圾分类的宣传活动，社区妇女积极参加巾帼志愿护绿服务，并在现场对垃圾箱上的不同标识给予指导，俨然成了垃圾分类的行家。

四、存在问题和今后打算

社区虽然做了工作，但共建共议工作还存在一些问题：在工作中，还需要充分挖掘社区的巧手能人，发挥他们的特长和优势。创建“和美、敬老”等特色楼门，更规范地设置创建标准、党建之窗、为民服务公告栏等，以此为载体弘扬中华民族传统美德，宣传政策法规，加强为民服务。

要提升共建意识，坚持社区共建共议的原则，用“共建共议，推进民主协商”的共同目标来激发各自内在动力，凝聚各方合力。社区妇联要找准好工作切入点，通过开展各种活动，让更多的居民参与进来，把共建变成自觉行动。要加大宣传力度，营造良好氛围，继续深入推动垃圾分类活动的宣传，推动“绿色生活在我家”和“美家美院”创建活动，就社区关于做好垃圾分类活动之后被多家媒体报道，并多次接待了各级领导及外单位的参观学访。

（作者单位：和平区小白楼街道崇仁里社区）

共建形成合力　构建消防安全网

罗云鹏

长春道社区东起吉林路，西至大沽路，南起赤峰道，北至哈尔滨道，占地0.14平方千米，总户数2303户、5600人，现居住960户、2300人。

一、案例背景

社区的消防安全工作至关重要，我辖区内老旧楼房较多，且多为木质结构，包括益友坊、增贤里、锦荣大楼、永和里、隆泰里等地。社区居民的整体消防安全防范意识比较薄弱，缺乏在火灾情况下自救逃生的知识和技能，不会使用灭火器材。多数居民在楼道内使用明火做饭，安全隐患较多，楼内也无消防设施，存在不正确使用和违章操作等现象，致使火灾隐患大量增加。此外，居民为了防盗，在门窗上均安装了比较坚固的防盗门和铁栏杆，这样既不利于安全疏散，也不利于消防人员进行火灾扑救。

二、以消防安全网保障社区安全

结合长春道社区“平安长春”这一特色品牌，社区结合实际情况，召开了由社区“两委”、居民议事协商会成员、新小区物业负责人参加的社区消防工作会议，通过发挥居民议事协商会的作用，发动社区志愿者、楼院长，进一步织牢消防安全网。

（一）健全规章制度，明确各自职责。建立健全规章制度和运行机制，建立消防联络员制度、消防宣传教育、用火用电管理、定期检查巡查制度、消防设施器材维护保养制度、居民防火公约等，将工作任务落实到具体责任人，实现社区消防安全稳定的工作目标。由社区居民委员会牵头，通过组织召开多次居民议事协商会，经研究成立以社区居民委员会主任、片警、民政主任、综治社工为成员的消防工作站，下设哈尔滨道75号、赤峰道36号以及融御名邸三处分站。以社区现有网格为基础，下设5个小组，分别由两名网格员负责，同时将每网格内的社区志愿者发动起来，设立联络网，在志愿者家里配备干粉灭火器，并将放置点位以及灭火器使用方法制作成展牌置于胡同里巷，便于居民了解使用。

（二）加强消防宣传，增强安全意识。依托完善的社区消防安全网络，建立社区消防宣传阵地。在胡同里巷建立消防宣传栏，针对不同季节、不同群体，组织开展丰富多彩、寓教于乐的消防文体娱乐活动。同时，社区将定期聘请消防队教官对消防志愿者进行集中培训，围绕“掌握检查消除火灾隐患的能力、组织扑救初期火灾能力、组织人员安全疏散逃生能力和消防宣传教育培训能力”四个方面进行了深入浅出的讲解，进一步增强居民的消防安全意识。此外，消防教官还围绕居民应知应会的“三懂”和“三会”，即懂基本消防知识、懂消防设施器材使用方法、懂逃生自救技能；会报火警、会扑灭初期火灾、会逃生自救等方面进行了讲解，有效地预防和减少辖区火灾事故发生。

（三）夯实消防基础，加强硬件建设。切实加强消防基础设施的建设，按照“因地制宜、量力而行”的原则，从基础抓起，不断补充完善公共消防基础设施，并确保完好有效；持续开展火灾隐患排查整治，切实增强抗御火灾的能力。对于新建社区，本着“同步规划、同步设计、同步建设、一步到位”的原则，与物业沟通协调，建立和完善社区义务消防队组织，保障基础设施配备，确保一旦发生火灾能够有效扑灭。依托社区现有资源，加强社区消防硬件建设。社区消防站设置应急电话，配置消防器材、高凳等灭火救援设备，以及急救包等，随时接受居民群众的求助。

（四）共享人力资源、形成监管合力。通过完善社区消防工作联动机制，责任片警、社区联防力量以及消防志愿者明确各自职能，发挥自身优势，引导社区居民参与消防、关注消防，群策群力，群防群治，实现社区火灾防控全覆盖，形成多处联动、齐抓共管的良好工作局面。

（五）实行动态型消防管理，开展自查、巡查，消除火灾隐患。居民住宅区的物业管理单位开展经常性的防火检查，保障社区内的消防车通道畅通，保障社区内的公共消防设施、器材以及消防安全标志完好有效。社区居民委员会成立消防安全巡查组，定期对社区居民住宅楼的消防设施及公共消防设施进行检查和维护。责任片警督促责任区单位、物业管理单位履行消防职责，组织开展经常性防火检查，及时消除火灾隐患。

三、今后努力方向

消防安全防范要做到思想创新、办法创新、与时俱进。增强预见性、前瞻性、针对性，掌握工作主动权。我们将不断完善社区消防队伍建设，健全各项消防管理制度，落实消防安全管理措施和责任，抓好消防安全隐患排查整改工作，推进社区消防工作的规范化建设，不断充实提高社区消防综合功能，使社区消防工作做到：消防组织健全、制度完善、管理规范、宣传到位、设施达标。在不断完善消防安全网络的基础上，进行长效管理，定期召开议事协商会议，邀请物业、辖区单位代表，收集讨论阶段来自网格内所出现的问题以及所提出的意见与建议，通过会议将问题解决，并根据提出的意见建议讨论安排下一阶段的工作，从而进一步深化“平安长春”建设。

（作者单位：和平区小白楼街道长春道社区）

以党建五联动机制　解决难题快又好

罗云鹏

和平区小白楼街道长春道社区按照“围绕服务抓党建，抓好党建促和谐”的工作思路，以服务社区、服务群众为切入点，在强化社区共驻共建活动的基础上，扎实开展组织联动：以党建联席会为契机，建立共建领导机构，定期召开党群协商社区事务征询会，办实事，改进工作，提升服务水平；事务联办：联合管理，共同协调；服务联助：建立共建双向服务，为民解难题，帮扶困难群体，为辖区单位解决实际问题；活动联谊：举办丰富居民文化生活的活动和健康知识讲座；维稳联防：联合管片民警负责安全防范，加强法律宣传，维稳工作的“五联”平台建设，提高了社区党建工作科学化水平，促进了社区各项工作稳步开展。

一、发挥“联动平台”优势，解决社区难题

长春道社区党委自开展“共建五联服务平台”以来，多次召开共驻共建服务座谈会，通过联合社区内口腔医院举行了多次健康讲座、义诊等惠民活动。在水岸名门房屋回购事件中，涉及口腔医院员工，为保证他们的利益不受损害，社区第一时间与其本人联系，由于其房款数额较大，同时又是刚性需求急于入住，医院员工一时难以接受退房条件。社区党委发挥联动平台作用，与口腔医院取得联系，将此事的流程、回购条件等向院方介绍清楚，院方表示作为社区共建单位，同时也为了员工的利益不受损失，会积极主动配合社区对他们进行劝导，讲明其中利害关系，并入户安抚情绪，使其顺利地办理了回购手续。

二、以“联动平台”为依托，化解噪声扰民问题

2012年，金融街所开发的融御项目开工。一天，几十名怒气冲冲的居民一起闯进了居民委员会，向居民委员会投诉工地严重扰民。于是社区主任赶紧详细询问过程，并要求大家保持冷静选出代表，将所遇到的问题汇总到一起，写成书面材料带到社区居民议事协商会上一起讨论解决。

由于此问题牵扯700余户居民，影响甚广，社区党委加班紧急召开居务会，安排布置工作，强调此事的严重性，要求工作人员不能懈怠，立即入户走访安抚居民，完整记录下群众的诉求。会后，一方面由社区出面及时联系金融街业主和施工方中建一局；另一方面社区工作人员加班加点入户，做居民工作安抚居民情绪，双管齐下，杜绝居民集体上访。

由社区党委牵头，邀请区建委有关负责同志、街城管科、金融街业主开会。会上，受干扰的各片居民代表首先发言，向有关领导反映社区老年人较多，工地施工噪声较大，有的工程昼夜施工，造成老年人无法入睡、有些病人病情加重。居民希望减少噪声，夜间停工，施工方管理好工人，建委能够采取措施长效监督管理，避免回潮现象。然后，由建委负责同志解答了居民提出的有关“规定夜间几点停工”“噪声是否在合理范围内”“工地有无违规施工行为”等问题，并表示会督促施工方按照规定施工，同时派出监测人员，随时监测噪声问题，一旦超出规定范围，及时制止，做到长效管理到位，确保居民生活安宁。最后，施工方及业主也作出答复，表示会自我监督自我管理，不给居民造成困扰。

施工扰民问题通过多次的议事协商会议，居民代表们代表居民的意愿与金融街业主达成一致，业主将会根据每家每户房屋所在地不同、距离工地远近程度分档，给予不同程度的一次性噪声干扰补贴。同时也会遵守施工时间，减少噪声等污染，不影响居民日常生活。

三、收到的成效

通过社区党委协调各方，以议事协商会的形式解决施工噪声扰民问题，既没有激化居民与施工方的矛盾，也没有造成居民集体上访事件，而

且还通过协商融洽了居民与业主的关系，业主还主动联系社区党委，帮助辖区内低保特困人员解决一些力所能及的问题，为低保家庭整修漏雨的屋顶、为困难家庭修补窗户、接电等，得到了居民的认可。夏季来临后，居民们也主动联系了社区，与社区一起为工地的建设者送去毛巾、牙刷以及消暑的绿豆汤。

社区民主议事会倾听民意、关心民生，受到了广大居民的普遍认可。由于居民民主议事形成的决议具有广泛代表性，这一形式也为社区居民自治提供了平台，确保居民自治工作有序进行，畅通了群众意见表达渠道，形成了民主发展与群众支持良性互动的局面，促进了社区社会稳定，有力推动了社区各项工作的顺利开展。正是通过社区居民议事协商会以及社区党委联动服务平台，使得施工扰民这一棘手问题得以圆满解决，同时加强了社区党组织与驻社区单位、群众之间的联系，增强了凝聚力，使“平安长春”特色品牌进一步发展。

（作者单位：和平区小白楼街道长春道社区）

协商解难题　共驻共建共发展

杨丽华

朝阳里社区有单位170余个。近年来，通过民主协商，充分发挥共建单位中环电子公司在社区建设中的作用，形成优势互补、资源共享、共建共议的强大合力。

一、共商共议解难题　扩建社区造福居民

朝阳里社区居民委员会的原办公活动用房是300多平方米的活动板房，随着时代的发展已经不能满足居民各种活动的需要，限制了社区的发展。

2012年，朝阳里社区居民委员会决定在原地进行改扩建，由于小区辖内已无更大的扩展空间，街道办事处便希望通过租赁与社区活动室一墙之隔的中环电子公司的库房，以扩大社区居民委员会的活动用房面积。中环电子公司是中环电子集团下属的国有企业，也是朝阳里社区内的社区大党委共建单位，多年以来对社区建设的各方面很支持。但租赁库房必须经过职代会的同意，并且库房内当时还堆满了大量重型机器，企业也有计划将库房改为他用，所以租赁之事存在一定难度。

中环电子公司领导长期以来热心社会公益事业并积极支持社区建设。为此街道领导邀请其到社区共同商议此事。在现场了解了社区办公房屋的实际困难后，中环电子公司召开领导班子会和职代会共同就此事进行商议，通过多次协调商议，最终决定出租部分库房用于社区办公用房的扩建，并且以较优惠的价格租赁给社区使用。之后中环电子公司领导亲临一线，帮助分厂搬迁寻找合适的地点，加班加点对库房中的大型重型设备进行拆装、搬迁，力争在最短的时间内将库房交付社区使用。改建后社区居民委员会的活动场所均拓展了3米左右，使社区居民委员会办公活动面积

达到610平方米，提升了社区服务和活动功能，扩建后的社区电子阅览室、活动室、老年日间照料中心和市民学校极大地满足了社区居民日常活动的需要，社区居民享受到了更多更好的社区服务资源。中环电子公司为社区百姓造福、为构建和谐社区功不可没。

二、共驻共建朝阳事业，志愿服务精神代代相传

朝阳里社区是全国社区志愿服务组织的发祥地，具有28年志愿服务的优良传统。为了让志愿服务活动留下历史痕迹，传承、弘扬志愿服务精神，助推精神文明建设，街道社区提出修建志愿服务展馆，展馆的选址同样需要中环电子公司的大力支持，这个想法得到了区领导的充分肯定。

区委书记、区长邀请中环电子集团领导到社区了解情况，与中环电子集团领导一起沟通协商，再一次得到他们的大力支持。展馆建设的位置是原中环电子公司的车间，当时正租给一家复印社使用，且合同尚未到期。为了保证社区志愿服务展馆的建设进度，中环电子公司多次和复印社协商，为其寻找新的地点又赔偿了违约金，并且调整了职工车棚的位置，在施工中提供了很多的便利。他们表示作为社区的共建单位，为社区居民办实事、解难题，为和谐社区建设作贡献，困难再多也要想办法克服，配合社区工作是义不容辞的职责。

和平区社区志愿服务展览馆于2015年6月在朝阳里社区正式落成，占地面积约300平方米。展览馆全面充分地展示了和平区27年来的志愿服务工作的全貌，至今共接待中央和省市、区级各级领导和学访团体46批。社区党委将志愿服务展馆作为党员群众的学习教育阵地，带动更多人加入志愿者队伍。

实践证明社区通过协商民主解难题，是社区在治理与服务实践中的一种有效的方式，通过协商民主引导辖区单位自觉参加到社区建设中来，切实做到社区事务共商共议、共驻共建，充分发挥社区单位在社区建设中的积极性和主观能动性，为社区广大居民群众营造平安、和谐、美丽的环境。

（作者单位：和平区新兴街道朝阳里社区）

沟通协商化解电梯运行难题

甘久虹

坐落在永丰里社区营口道上的惠嘉公寓有居民216户，分别居住在24层高的两栋楼房里。惠嘉公寓共有电梯四部，电梯大修及每年维保费、变电室大修等各项费用均由政府垫资。近年来，因小区院内排污外管网及化粪池严重堵塞，电梯间基井内污水过多，并无法向外管网排放，导致电梯无法正常运行。曾两次将居民困在电梯里无法出来，无奈之下只得停运两部电梯，给居民正常生活带来不便。惠嘉公寓一直没有正式物业管理，小区居民盼望街道、社区等相关部门给予解决。虽经多次沟通，但由于维修资金没有着落，至今没有进展。

一、巧用资金，解燃眉之急

自党的群众路线教育活动开展以来，和平区委、区政府为把党的惠民政策落到实处，为社区下拨了为民服务专项经费。专项经费的使用范围包括：社区便民服务类、社区特色建设类、社区公益类及解决无主责单位问题类等四大类。经社区“两委”班子集体研究，认定惠嘉公寓影响216户居民正常生活的电梯停运问题，符合专项经费的使用范围，于是决定按规定程序启用为民服务专项经费，解决百姓生活难题。

社区干部第一时间走访群众，广泛征求小区居民和业主委员会成员的意见，得到多数居民认可后，填写了《和平区为民服务专项经费使用民意调查表》和《和平区社区为民服务专项经费立项申请表》，上报街道相关部门。街道急群众所急立即审批并报区民政局备案。得到上级批复后，社区干部先后八次找到区排水部门协商。区排水部门领导以务实的工作态度，带领工作人员及时下到现场，实地勘查，及时制订施工方案、预算。

由于维修改造涉及方面较多，工程费用远超出专项资金规定的限额。区排水部门领导得知此情况后，决定先行垫付资金以解决百姓的燃眉之急。最终街道、社区从为民服务专项经费出资5000元，用于疏通管道，改造工程的63200元资金由区排水部门垫付。维修改造后很长时间无法运行的电梯终于恢复运行了，社区居民委员会和惠嘉公寓216户业主为区排水部门送上“走基层替民解难 办实事为民排忧”的锦旗，以表感谢。

二、转变作风，才能解难题惠民生

从2015年11月初社区申请上报，到区排水部门完成现场勘查施工作业，只历时不到半个月。社区难事由推诿拖沓变成及时有效，解决了长期困扰群众生活的难题，社区真正实现了老百姓的急事有人管、难事有钱办，走基层、解难题、办实事惠民生是贯彻落实党的群众路线教育实践活动的具体体现，切实解决了群众反映强烈的诉求和问题，赢得了民心，得到了群众对干部的信任和对工作认可；走基层、解难题、办实事、惠民生活动转变了干部作风，融洽了干群关系，提高了工作效率，维护了社区的和谐稳定，也说明这是广大群众的期盼。

在为民服务专项经费的使用过程中，我们也体会到：每一个立项都要经过严谨的工作程序，社区、街道、民政局要层层把关，避免为民服务专项经费的使用出现偏差。要想进一步解决群众最关心、最迫切、最直接的民生问题，就要广泛征求民意，多方谋划符合民心。每一个立项前期，社区干部都要采取入户走访、召开座谈会等形式，广泛听取居民意见，并通过社区“两委”联席会议梳理汇总形成候选项目，确保每一个立项都用于解决群众最关心、最迫切、最直接的民生问题。为确保把钱花在最需要的地方，对资金的管理使用要坚持公开透明、民主决策、民主管理、民主监督，形成群众广泛参与的基层民主管理机制，做到“有钱办事”和“民主议事”的结合。

（作者单位：和平区新兴街道永丰里社区）

创新协商载体　协力共促和谐

安智香

卫津路社区有居民楼院84个，居民1618户、4857人。社区党委下设5个党支部，党员169人。卫津路社区内所辖单位多，为此，社区着力打造“共驻共建”特色品牌，通过居民代表会、社区志愿者协会、社区社团会等收集居民群众需求，定期召开社区内单位联谊会，挖掘和调动社区单位资源，进一步深化志愿服务活动，为社区居民群众服务。

一、背景介绍

为了使社区困难群体得到更好的照顾，社区充分调动党员、志愿者的积极性，通过开展“一帮一结对子”“党员认亲”等活动，以“早看窗帘晚看灯”等形式，对社区独居、空巢、困难老人、困难家庭提供日常的照料服务，在社区掀起志愿服务的热潮。为了满足社区老年人在身心健康和精神文化层面的需求，社区充分整合辖区单位资源，多方调研、联系，最终找到了解决问题的好办法。社区党委通过走访联系到多家辖区单位，由天津医科大学、天津医大代谢病医院、医大口腔医院、和平区环保局、天津广播电台等单位到社区为居民开展免费验血糖、检查口腔等服务，举办健康知识、环保知识、朗诵知识讲座。在工作中社区和辖区内单位沟通协商越来越多，关系越来越密切，为民服务的力度也越来越大。

二、主要做法

（一）明确协商主体。成立社区“大党委”，由社区党委书记任社区书记，天津医科大学口腔医院、和平区环保局等6个单位党组织为成员。社区“大党委”的主要工作职责，一是讨论决定重大事项，包括社区建设和管理、社区服务、社区文化、民主自治、治安综合治理等；二是搭建社区工作服务平台，完善社区功能，做好与辖区单位、共建单位的协调服务工作。社区“大党委”与社区利用自身优势，共驻共建，抓住为基层群众服务这一主题，提升了社区服务能力，既化解了矛盾，又促进了关系和谐。

（二）规范协商内容。社区党委坚持广泛协商，注重合法有效，针对不同渠道、不同层次的特点，明确了协商内容“五议三不议”。五议：即经济社会发展中涉及居民切身利益的公共事务、公共环境、公益事业，居民反映强烈、迫切要求解决的实际困难和矛盾纠纷，党和政府的方针政策、重点工作部署在社区的落实，法律法规和政策明确要求协商的事项，各类协商主体提出协商需求的事项；三不议：即对明显违反党的政策、国家相关法律法规的事项，上级党委、政府有明确要求、明文规定必须执行的事项，明显带有歧视性、不公平的事项，不予商议。通过明确什么可以议，什么不能议，最大限度保证了协商成果合法有效。

（三）规范协商程序。结合实际，社区规范了协商议事的三个基本环节：一是收集问题。社区以网格化管理为抓手，深入居民家中，收集群众问题。二是拟定议题。社区党委对收集到的问题进行集中研究，初步确定协商议题后交由社区“大党委”审议。三是多方商议。邀请辖区共建单位，召开协商议事会议，开展民主协商，确保各辖区单位充分发表意见、建议，形成协商结果。

三、取得成效

（一）整合社区单位医疗资源，专家义诊服务进社区。社区发挥辖区医院名医优势，搭建送健康平台，与医科大学基础医学院、代谢病医院、口腔医院、新兴医院等定期举办专题健康知识讲座和大型义诊活动。活动不仅体现了社区对居民群众健康的关怀，更体现了社区单位以专业技能服务居民群众的奉献精神。社区居民群众对医疗专家的义务服务给予高度的赞扬。

（二）整合社区单位宣传资源，提升居民环保意识。社区与和平区环保局、医科大学基础医学院及和平艺术中学共同组织低碳环保宣传系列活动。如开展的“关爱地球，绿色行动”世界地球日画展活动，旨在培养居民保护环境、热爱地球的意识，并通过学生的作品达到宣传保护环境、关爱地球的目的。和平区环保局作为社区共建单位积极组织党员干部深入社区，为居民群众讲解新《中华人民共和国环保法》和《天津市大气污染防治条例》等知识，以发放宣传小册子和环保购物袋、环保扇子等宣传品，倡导大家增强环保意识，共建绿色家园。清明节、中秋节、元宵节期间，医科大学基础医学院的学生志愿者与社区志愿者协会组织居民开展文明祭扫活动，共同保护环境，促进创建美丽社区、和谐社会。

（三）利用社区节日活动契机，搭建共驻共建共享平台。社区注重利用重大节日组织开展丰富多彩的活动，并通过活动传承传统节日礼仪。如社区以“冷冬热粥情暖‘羊’，老少同乐话腊八”“三羊开泰迎新春，五色团圆耀羊年”等主题活动，让社区单位参与到活动中来，不仅促进了社区单位与社区的沟通和交流，更在社区内形成了传承传统节日礼仪教育的和谐氛围。

多年来，社区始终秉承“优势互补，共建双赢”这一理念，确定了服务共办、教育共抓、文明共宣、活动共搞等共建内容，凝心聚力，从而推动了区域化建设工作。

（作者单位：和平区新兴街道卫津路社区）

协商不怕反复　清欠“陈年旧账”

郑　瑾

随着城市建设步伐的加快，“社会管理”向“社会治理”的转变，社会矛盾纷繁复杂。为将社区的事管好、做好，社区民主协商尤为重要。庆有西里社区积极听取居民意见、建议，引导居民热情参与，促进了社区自治，推进了社区民主建设。

一、房屋漏雨维修难，老奶奶苦不堪言

2014年10月下旬的一天早晨，家住和平园5门的哈奶奶找到居民委员会。哈奶奶已经年逾古稀，回族，患有严重的风湿疾病，走路腿脚不稳，十分吃力。经过详细交谈了解到，哈奶奶家的住房漏雨得不到维修已经两年多了。哈奶奶对物业管理条例理解不够，认为房屋不能维修是物业公司的责任，是物业公司及业主委员会不作为，她直接把矛头指向了后者。居民委员会工作人员进行了详细记录，劝走了哈奶奶之后，就开展了长达一年之久的奔走调解工作。

二、民主参与，沟通议事

社区先向物业公司及业主委员会了解情况，并对哈奶奶家外墙维修的整体情况进行了预估。和平园是1999年建成的商品房小区，业主哈奶奶住在11层，2009年由于外墙渗水导致室内墙皮脱落。哈奶奶曾与多个部门联系，后经新进驻的物业公司调查，得知开发商在建设时并未按照国家规定交付房屋维修资金。由于维修资金缺失，导致业主家5年无钱维修。2013年，和平园小区通过法律程序追回房屋维修资金38万元。哈奶奶认

为自己的房子终于可以维修了，可是一直没有动静。业主委员会及物业公司无法断定窗户阳台漏雨是否属于维修资金范围。经过查阅资料及对多个部门的问询，得知外檐漏雨是可以动用维修资金的，但是动用维修资金需要2/3业主的同意。

2014年11月1日，社区为了落实协商民主制度，召开了和平园业主代表大会，会议上社区居民委员会与业主委员会一起动员业主们发扬互助的精神，行使自己的权利且履行自己的义务，哈奶奶在会上感谢居民委员会、业主委员会、物业公司的支持。在会议上又有6户业主提出自己家的房子也漏雨，要求一同维修，这样维修费用就会更高。会后，居民委员会与物业公司到漏雨业主家里去勘查。工作人员挨家拍照，留下记录。通过调查共计有7户家庭需要维修，后经物业公司鉴定都属于维修资金范围。

三、促成协商，化解矛盾

2014年12月13日，社区居民委员会与业主委员会再一次召开了维修资金使用的动员大会，可是此次出席会议的只有8户，而其中7户是需要维修的家庭，说明了其他大多数业主对此事并不认可。会后走访结果也令人失望。5~8门共78户业主，包括当事人家庭在内只有19户同意，这样就不可能动用维修资金。

2015年3月8日，再次开会讨论，但参加会议的人数更少了。哈奶奶再次找到了居民委员会，此时她的腿部疾病更重了，马上要做手术。她对邻里已经失去了信任，对房屋的维修失去了希望。看着患病而又无助的哈奶奶，居民委员会表示绝对不能就这样放弃。工作人员一边安慰哈奶奶，告诉她还会继续努力去做业主们的工作，一边已经开始筹划其他方案，考虑用应急维修资金来解决。

通过居民委员会主任的协调，居民委员会工作人员找到了一位房屋外檐维修专家，带着这位专家再次来到哈奶奶家查看情况，终于找到漏雨原因是12层违章建筑造成阳台漏雨渗漏到哈奶奶家的。维修时要两层一起维修，才能彻底解决问题。于是我们连夜制订维修方案，提供给物业公司参考。就在这个时候，电视台突然报道了和平园动用维修资金难的消息，节目播出后反而造成了反向效应，突然又有很多业主提出自己家的房屋漏雨，经统计一共有12户需要一起维修，这样应急维修资金肯定不够。哈奶奶沉不住气了，强烈要求第一个修她家的房屋。与此同时5~8门下水道堵塞，需要紧急换下水管，但同样得不到其他业主的同意。这些突如其来的连锁问题又一次对维修的工作提出了挑战。

2015年7月24日，由居民委员会主任主持，召开了物业协调会议，会议上业主委员会、物业公司、业主代表各抒己见，经过民主协商，制订了最终的维修方案。第一步贴出通知，让房屋漏雨业主到物业公司登记。最后登记的共有19户。第二步召集和平区物业办、房管局、居民委员会、和平园业委会、物业公司代表及业主代表组成专案调查组，再次入户勘查，评估出问题的轻重缓急。就在这时我们得到了一个好消息，今年的应急维修资金比先前可动用的资金多出了一倍，随后物业公司提出了维修申请。

2015年11月，排在第一顺位的哈奶奶家终于得到了维修，这让哈奶奶激动万分。看着潮湿了长达几年的房子终于不再渗水了，她非常感谢居民委员会对此的努力和帮助。

四、尊重民主，实现价值

在长达一年的反复沟通协调下，且应急资金足够使用的情况下，随后在短短一个月内总共完成了和平园21户住房的外檐维修，这项工作终于画上了圆满的句号。

居民委员会对这次维修事件的整体跟踪和解决，充分体现了协商民主的价值，在协商议政上最大限度地倾听民声，最大限度地包容民意，促进了小区居民与居民委员会、物业公司等部门交流沟通，解决了久拖未决的问题，进而把小区物业管理提升到新层次。协商会议作为沟通民情、反映民意、协调关系、化解矛盾的平台和解决基层诸多疑难问题的“有效武器”，鼓励百姓的事由百姓自己商量着办，让公众充分享有话语权、尊重民意，减少了无谓的争论，提高了办事效率及民众满意度。

（作者单位：和平区南市街道庆有西里社区）

民主协商　电梯通畅

王康芬

一、案例背景

2013 年 9 月 11 日上午，食品街社区接到怡华物业公司电话，金茂小区 4 号楼 25 层至 46 层的 5、6、7、9 号电梯停运，造成 4 号楼居民无法乘坐电梯上下楼。社区工作人员立即赶到现场查看，了解具体情况。截至 9 月 12 日上午金茂小区 4 号楼 9 部电梯中只有 5 部正常运转。

二、高度重视，协商为民

2013 年 9 月 11 日上午，金茂小区 25 层至 46 层的唯一能够正常运行的 5 号电梯突然下滑到 3 楼停止不动，开电梯的保安和部分业主被困在电梯里，维保单位立即对该电梯进行了简单处理，使被困人员安全走出电梯。有一名业主反映身体不适，物业公司也及时将其送到医院检查。经维保单位检测，该电梯主机轴出现问题，需要更换配件，且存在安全隐患，容易造成安全事故。为此经物业公司领导协商决定将该台电梯停运，因此造成 4 号楼 25 层至 46 层业主只能先乘 2、4 号梯到达 24 层，然后再步行上楼回家。居民委员会将这一情况及时向南市街道办事处汇报，并立即召开紧急协商会议，与物业公司一起协商应急措施。经过研究，居民委员会建议物业公司要把业主的利益放在第一位，无论如何要克服困难，在最短的时间内做好维修电梯的各项准备工作，尽快恢复电梯的正常安全运行。

鉴于电梯的安全运行直接关系到居民的日常生活和生命安全，和平区委、区政府高度重视，区委书记作出紧急指示，要求尽快修复电梯。当晚

9时，和平区委领导，副区长，区房管局，区质量技术监督局及南市街道办事处主要领导召开现场会研究解决方案，要求不惜一切代价，加班加点修复电梯。当时又正值中秋、国庆两节前夕，电梯停运且维修时间过长势必造成业主不满，易造成不稳定因素。因此要在做好居民安抚工作的同时，用最短的时间至少恢复一部电梯的正常运行，以解决居民不能直接乘电梯上下楼的问题。

鉴于该小区维修基金正在申请，从外地电梯生产厂家购买配件又需要大约一周时间，现场会议决定，责成区质量技术监督局联系电梯生产厂家天津分公司派出专业的维修队伍到现场进行检测，并克服困难在天津购买配件。经区质量技术监督局领导现场协调，维修人员于9月14日上午8时来到小区抢修电梯。在各部门的通力配合下，终于当晚10时，通往25层至46层的5号电梯恢复运行，居民心情激动地通过社区和街道办事处向区委、区政府和各相关部门的工作表示感谢。

在维修期间，南市街道办事处、社区居民委员会及时督促并配合怡华物业公司做好居民的安抚工作。社区建议怡华物业公司及时张贴公告向居民进行解释，并派社区工作人员和物业保安在现场维护秩序，要求物业公司对有特殊需要的居民提供特殊服务。在此期间，社区工作人员和物业公司多次帮助居民代购、搬运物品，并为有需要的居民送菜送饭，还专门制作了“滑竿”用于背老人、病人上下楼，为居民解决燃眉之急。现场出现了许多感人场面：居住在44层的一位居民因为糖尿病要注射胰岛素，因上下楼不方便，要求物业公司将存放胰岛素的电冰箱从44层搬运到她在12层的另一居室中，现场工作组立即满足了她的需求；家住46层的一户居民因行动不便无法外出购买早点，现场工作组在得知后立即派人将购买的早点送到家中。

虽然4号楼通往25层至46层的电梯已有一部恢复运行，但为了彻底解决所有电梯存在的问题，怡华物业公司拿出了维修方案，并承诺即使维修基金不能完全到位，也将先行垫付资金以确保在两个月内全部恢复所有电梯的正常运行。而且每修完一部就请区质量技术监督局检测一部，以保证维修好的电梯达到安全使用标准。区委、区政府等相关部门也表示将在电梯维修中给予大力支持。街道办事处和居民委员会在今后的工作中也将继续配合和支持物业公司的工作，与物业公司一起为小区的居民提供更优质的服务，确保辖区的安全稳定。

经过国庆节期间的大力抢修，金茂小区 4 号楼停运的 4 部电梯有两部已经恢复正常运行，其中 5 号电梯已通过合格检测，9 号电梯也已经完成自检正在接受专业部门检测。

三、共建共管，和谐基础

问题得到了如此快速的解决，是社区运用协商民主方法处理社区事务的一个典型事例。社区居民委员会充分发挥了指导监督和协调的作用，运用民主协商的方式，做到既为社区居民谋利益，又能协调物业公司解决问题，达到与物业公司“共同建设小区，共同管理小区”的目的，从而使社区居民委员会、小区业主与物业公司建立互信合作的关系，为建设和谐社区奠定坚实基础。

（作者单位：和平区南市街道食品街社区）

居民参与话防范　筑牢社区安全线

刘志慧

社区既是居民生活的共同体，也是居民利益的共同体。对于社区公共事务最有发言权的就是社区居民，因此福厚西里社区居民委员会多年来坚持认真履行工作职责，做到广泛宣传、动员和组织社区成员遇事、办事多商量，有序、有效地引导居民积极参与社区治理，激发社区协商民主的内生动力，和衷共济，共谋发展，真正提高科学决策、民主决策、依法决策的水平。

一、安全防护力度弱，居民安全感低

福厚西里和永铭里都是20世纪八九十年代的老旧小区，没有物业公司服务，小区大门和存车棚也没有安装安全防盗设施。尽管小区有安保人员和居民自发组织的社区志愿巡逻队，在小区治安防范方面发挥了积极作用。但是在春节前夕财产和非机动车辆被盗的高发期间，周边其他小区发生了多起盗窃事件，加上夜间小区的安保防护作用有限，因此有相当多的居民没有安全感，担心自己的生命财产受到威胁，希望居民委员会帮忙改善小区的安全防护措施。

二、深入调查，为民解忧

社区居民委员会根据居民反映的问题，安排工作人员按照网格责任区进行了大量的入户走访和调研工作，广泛收集社情民意，反映居民群众实际诉求。工作人员还到社区保安室与安保人员进行沟通，了解小区内白天和夜间的安保情况，以及安保人员的排班情况。同时，工作人员还走访了存车棚，查看了解车棚内安保情况。通过检查，发现小区内安全情况的现状的确不容乐观，小区前门夜间不上锁（因有上晚班晚归的居民，也有怕夜间上了锁家中出现意外不方便外出），安保人员数量不足，不能科学有效地安排值班，安保力度不强。另外，存车棚安防措施极差，不利于居民非机动车的安全存放。

依据小区安保方面的实际情况，社区居民委员会计划组织召开社区议事协商会议，讨论小区如何提升安全措施。

（一）加强宣传发动，提高社区居民的知晓率和参与率

社区通过宣传栏、电子屏以及定向通知，广泛动员社区居民积极参与到社区民主议事协商会中来，为开展社区民主议事协商会议营造了良好的舆论氛围，切实增强了社区居民的“主人翁”意识。同时，发动党员干部、各楼院长积极宣传民主议事重要性，引起居民群众的反响，使他们主动地加入到社区的安全防范的讨论中来。通过广泛宣传，保障了居民对社区事务的知情权，同时也提高了居民参与社区事务的积极性。

（二）以问题为中心，坚持理性、科学协商

社区居民委员会始终坚持以居民群众的利益为重，做到民主、公开、科学决策、民主决策，还权于民，阳光运行。凡是涉及群众利益的事项、社区重大问题的决策，在讨论决策前都要事先征求广大居民的意见和建议，都要提交到社区民主议事协商会讨论决定，并以有效形式对外公开，而不是由社区“两委”自行做主决定。在协商过程中，居民委员会严格理性科学协商，坚持“一事一议”，以问题为中心，杜绝将议事协商会变成“诉苦会”或“抱怨会”。

（三）依照民主决策，确保议事决策阳光运行

经过与楼长、居民代表讨论、协商，决定将小区大门改造成防盗系统装置，加强安保人员配置。会后居民代表积极收集大门防盗系统装置的相关信息，与居民委员会进行讨论，又到相关换锁机构进行咨询。经咨询，认为在小区前门安装电子磁扣门锁这一办法可操作性较强。于是又第二次召开了社区议事协商会，将提升小区安全办法向居民代表们公布，广泛征

求社区楼长、居民代表等意见。社区计划在小区前门安装电子磁扣门锁，夜间12点至次日早上6点将小区前门关闭，小区后门夜间11点至次日早上6点关闭，决定在小区前后门关闭后，居民出现特殊情况需要外出或者晚回家时，可以找值班的保安，请他们协助开门。居民委员会又多次与佳立洁物业公司协调，为小区又增加一名保安（由过去的两名保安变为三名），科学设置交接班，并交代夜间锁门和开门的注意事项，请他们配合做好小区的安全防护工作。另外，考虑到冬天夜里寒冷，又将电子磁扣锁安装遥控设备，这样保安在屋内就可为居民开门。方案一经提出，得到了广大居民代表的支持，认为居民委员会考虑周到，既为居民提供了方便，又为保安人员提供了人性化的工作环境。

会议结束后，社区居民委员会将此次会议的决定内容安排工作人员按网格责任区挨家挨户征求意见，并在小区内宣传栏公示议事结果，做到居务公开，保障居民的表达权、监督权，使居民们充分了解社区事务，充分参与到社区治理中来。

三、群策群力，严抓落实

立足群策群力，就是要把社区居民的力量充分发挥好、运用好。社区居民委员会是群众自治组织，有着自我教育、自我管理、自我服务的职能。因此，群众工作发挥不到位，协商结果落实不到位，社区工作不可能做得好。因此，在落实协商结果过程中，居民代表们也应全程参与、监督落实。

在广大居民的积极参与下，在居民委员会的组织协调下，在佳立洁物业公司的支持配合下，小区顺利安装了电子磁扣门锁。同时，居民委员会还强化了小区治安防范措施，包括人防、技防、物防等，提醒居民要提高安全防范意识。通过议事协商，小区的安保措施进一步加强，居民们的安全感大大提升。由于居民委员会办事周到，既保障了居民的财产安全，又不失人性化和灵活性；既维护了居民的切身利益，又顾及了保安人员的工作性质，从而达到了小区的平安、稳定、和谐。

四、民主协商，统筹兼顾

社区民主协商大都是围绕社区居民切身利益的问题展开，社区居民委员会要畅通诉求渠道，给予居民足够的知情权、话语权、参与权和监督权，促进社区民主协商与民主决策的有机结合，使社区的民主协商更接地气，更具实效。

另外，为了使社区内所有的成员都能从中受益，社区居民委员会还要注重多元化协商平台的搭建，统筹协调好社区居民和辖区社区单位之间的利益关系，做到勤沟通，多理解，换位思考，调动双方积极性，共同处理好社区事务，实现利益共享，责任共担，确保民主协商求真务实，兼顾多方利益，提升居民幸福指数，从而进一步提升社区的治理水平。

（作者单位：和平区南市街道福厚西里社区）

四方会谈　解决污水跑冒

刘　洋

南市街道裕德里社区是2006年由同庆后、裕德里两个小区合并而成的。社区管辖区域东起兴安路，西至和平路，南起福安大街，北至南马路。辖区总户数3284户、8885人，现住居民户数1635户、人口4101人。现有楼栋53栋，平房12个院落。社区居民委员会一直在积极探索如何更好地发挥协商民主议事的作用，引导居民参与社区建设，促进社区自治。

一、社区协商民主议事的新思路

在深入社区进行调研的过程中发现，当前，裕德里社区协商民主管理主要面临三种状况：一是随着居民群众的物质生活水平不断提高，精神文化需求日益增长，一些居民有更多的民主权利要求，希望更多地了解和参与到集体决策中来；二是社区居民难以集中，党员大会、居民大会及居民代表会议难以正常召开；三是少数社区干部民主意识不强，遇事怕麻烦，担心居民不支持，有时与居民的意愿相背离，影响了社区的和谐、稳定与发展。为有效解决这些问题，社区居民委员会在多次调研、反复讨论的基础上，确立了以“民主管理、民主监督、参政议政”为目标的民主议事新思路。

二、从环境整治看社区协商民主

（一）事由民主，倾听居民心声，全面掌握社情民意。一方面，社区通过宣传栏、横幅等多种形式动员社区党员群众积极参与民主议事，营造了协商民主的良好氛围，切实增强了社区居民的“主人翁”意识。另一方面，社区组建民情联络队、设立意见箱和群众接待室，通过上门走访群众、发放议事征集表等方式收集党员群众的意见和建议，梳理成听证议题。对于环境整治项目，社区还通过党员干部、各联络组组长积极宣传整改意义，引起居民重视，让他们主动地加入到社区建设中来。

（二）权为民用，依照民意决策，切实规范权力使用。对确定的协商民主议题，社区居民委员会及时草拟议题的初步解决方案，对通过的议题及正式解决方案，组织召开民主决策会，实行无记名投票现场表决，赞成票达到85%以上方可实施，把决策权交给居民。对环境整治项目，社区通过召开座谈会，就整治什么、如何整治展开讨论，对于有争议的采取不记名投票表决，让社区居民自己当家做主，行使自己的权利。

（三）责有人担，加强多方协调，着力解决实际问题。待民主决策形成正式解决方案后，社区将任务细化分解，落实责任单位和责任人。对每个议案设置具体的办结时限，并安排专人负责跟踪、协调、监督议题的办理情况，切实解决“谁来负责办，怎么办落实”的问题。对于环境整治项目，居民代表一致同意整改后，社区将细化任务，分配到个人，大家相互合作，相互监督，将每一项任务都落到实处，每一件事情都有人去解决。

（四）绩由民评，勇于接受监督，保障居务公开透明。按照“群众关心什么，就公开什么”的原则，社区对居民提出的意见、具体落实情况和评议结果，及时通过宣传栏、简报以及民情访谈等形式广泛公开，切实落实广大居民的知情权、参与权和监督权。对于环境整治的具体事项、资金用处，不论社区居民想知道什么，了解什么，社区居民委员会都会给居民一个满意的交代，由此形成了一个良好的监督体系。

三、社区协商民主成效显著

2016年1月下旬，有居民向居民委员会反映，地处同庆后大胡同10号楼的欧亚肛肠医院门前，也就是同庆后大胡同甬道上的一个下水井跑冒污水严重，散发恶臭气味，造成路面湿滑，甚至结冰，严重影响了居民的出行安全。居民表示，这些污水都是因欧亚肛肠医院厕所堵塞造成的，由于医院没有及时疏通下水管道，给居民造成了不便和安全隐患。

社区居民委员会考虑到居民情绪比较激动，决定采用协商民主机制解决问题。社区居民委员会工作人员与居民选派的代表找到欧亚肛肠医院了解情况，医院负责人表示，下水井跑冒确实是医院厕所堵塞所致，但医院及时联系了排水部门，被告知疏通需要收取一定的费用，恰巧当时医院负责人和财务人员都不在，所以这件事就被搁置了。虽然污水跑冒的具体原因弄清了，也向居民代表解释了，但是问题不能等，需要尽快解决。社区工作人员随即与和平区排水一所联系，约定了日期，与欧亚肛肠医院和居民代表一起到现场，进行实地协商，商量研究解决办法。

2016 年 1 月 27 日，几方代表一起到污水跑冒现场，进行现场协商。排水人员查看现场情况，向居民代表说明了情况，分析污水跑冒原因。欧亚肛肠医院和排水人员协商排水费用问题。社区做好三方协商过程中的疏导解释以及居民情绪安抚工作。最后经四方协商，由排水人员先进行疏通排水作业，保障居民安全出行，费用问题由排水部门和欧亚肛肠医院共同协商解决。此举得到了现场居民的一致认可。

协商民主最主要的就是要当事各方共同坐在一起，平心静气地就现实需要解决的问题进行各方权利、义务以及利益的划分，切实为群众解决问题。裕德里社区居民委员会还将继续完善协商民主机制，为居民解决问题，确保社区平安稳定。

四、社区协商民主工作意义

社区通过协商民主机制倾听民意，关心民生，受到了广大居民的认可和好评。由于协商民主议事形成的决议具有广泛代表性，这一形式也为社区更好地实现民主自治提供了平台，确保了民主自治工作的有序进行，畅通了群众意见的表达途径，落实了社区居民的主人翁地位，形成了民主发展与群众支持良性互动的有利局面，推动了社区各项工作的顺利开展。通过实施协商民主机制，社区工作人员在思想上有所触动，行动上有所改进，工作上有所提高，作风上有所转变，纪律上有所增强，使得社区逐步走上了一条民生共议、难题共解、和谐共建的社区治理新路子。

（作者单位：和平区南市街道裕德里社区）

协商民主医治老旧小区疑难杂症

冯子燕

海光寺社区东至鞍山道，南至新兴路，西至卫津路，北至南京路，社区所辖面积23662.5平方米。由六个小区片组成，常住居民户2267户、5752人。其中万全里、五爱里、隆昌里都属于年代久远的老旧小区。

一、老旧小区的疑难问题

（一）五爱里、隆昌里小区居民冬天取暖难

五爱里、隆昌里是海光寺社区辖区内的两个老旧小区。多年来冬天取暖是“家家小煤池，户户小煤炉”，群众生活极为不便，由于没有集中供热。“火炉子用了快30年，每到冬天都得往楼上提煤，这几年年纪大了，实在提不动了。”来自五爱里的一些老人说。实现集中供暖，改善老旧小区“脏、乱、差”的楼门环境，是居民共同的愿望。

（二）万全里小区停车难

万全里小区也是老旧小区，没有停车场，现在有车的人多了，小区又邻近总医院，外来车辆进小区停放，扰乱了居民的正常生活，也挡住了居民“救火”“救命”的生命通道，群众的抱怨声，敲击着社区党委的心，领导看在眼里，急在心上。解决停车问题势在必行。

二、协商民主排忧解难

（一）借助“煤改燃”的有利契机解决供暖问题

海光寺社区党委在深入开展党的群众路线教育实践活动中，认识到坚持群众路线是实实在在的行动，只讲大道理，不解决实际问题，就不叫群众路线。针对五爱里、隆昌里的取暖难题，班子人员利用煤改燃的有利契机，向街道党工委反映，并与施工单位协调，上下沟通，解难题化矛盾，终于把群众望眼欲穿的冬季集中供暖问题解决了，百姓发自内心地说：“我们小区改天换地了，老百姓过上幸福生活了。”

海光寺社区三片旧楼区在旧楼提升改造的同时，首先抓住了和平供热站煤改燃的机会，通过人大代表写提案报告，提供相关安装暖气的内容资料、分析报告，向街道办事处领导反映居民热盼装暖气的情况，向供热站提供老百姓房屋情况、房型结构、居住户数资料。在居民代表们不辞辛苦奔波的共同配合下，隆昌里片的暖气问题得到了解决。在安装暖气片过程中，社区一方面及时解决突发问题，另一方面派专人一跟到底，监督时间进度和质量问题，最终两个小区都分别在每年的供暖日及时供暖，使老百姓几十年的期盼得到了实现，海光寺社区全体工作人员也为能为老百姓解决了此事而感到骄傲和欣慰。

（二）充分运用协商民主解决停车难

针对万全里小区停车难的问题，海光寺社区做了大量的工作。几次三番给街道党工委打报告，并又把议案交到人大代表、政协委员手中，配合他们听取群众的诉求，请求他们向上级反映实际情况；带领人大代表、政协委员和园林局领导到小区现场查看，一起规划图纸协同改造，让出部分绿地，实现硬地化，增加了停车位，让居民汽车在绿茵中停泊。同年 4 月中旬工程完工时，群众感动地说：“社区党委解决了老百姓停车难题，也畅通了我们的生命通道，你们干了一件大好事，确确实实地践行了党的群众路线。”

另外，对于外来车辆进入小区的管理问题，海光寺社区多次利用下班后时间召开有车户的协调会，对万全里小区的有车居民车辆信息进行详细登记，并发放停车通行证，在小区出入口派专人进行值守，最终使外来车辆得到了有效控制。

面对万全里通道狭窄、小区汽车越来越多、居民出入不安全等问题，社区党委提出方案画出图纸并通过相关部门的呼吁，对小区绿地进行了改造，创建了绿荫停车场，不仅解决了老百姓出行问题，而且增加了停车位，居民出入变得安全了。此外，对万全里与天赐园交界地带花坛进行了统一规范，联系园林所和施工单位多次实地勘察，现场制订方案，召开现场会，做通居民的工作，使工程顺利完成，明显改善了居民的居住环境。

三、让协商民主在社区有效运转

基层工作中充分实现协商民主，离不开社区这个重要领域。而协商民主的引入则为社区治理提供了公共参与的协商、沟通机制以及多元主体之间利益有效的整合条件，提高了社区治理的效率和工作成效。将传统资源激活、将新型资源进一步整合，搭建起多元化的社区公共议事平台，协商民主在社区扎根还需要有社区公共议事平台作为支撑。如何有效激活传统议事资源、引入新型议事资源，搭建多元化的议事平台是社区公共议事平台建设的关键。在今后的工作中，海光寺社区还将把民主协商方面的工作方法纳入以下工作中，使民主协商工作更加科学有效地运转起来：

其一，盘活传统议事资源，党建是个重要平台。通过邻近的社区和企事业单位推动物业党建联建，居民区同周边的商场、医院、学校成立大党支部，在党建这个交流沟通平台上，进行协商议事，居民与社区单位的纠纷问题也得以在大党建这个平台上得到解决。此外，传统资源的升级改造也是激活传统议事资源的重要手段。

其二，自治组织也是社区协商民主的重要平台。在以社区自治组织为基础搭建的协商民主议事平台上，各相关利益主体都能积极参与到社区事务治理中来，而不只是政府一方唱“独角戏”，居民及其他相关主体被动应对。

其三，通过网络信息技术的应用创新社区协商民主平台建设。通过成立社区网络论坛，为居民提供网上协商议事平台，并由居民委员会作为协商的仲裁者。网上协商没有时间和空间的限制，可以促进协商的充分参与，也可以避免由于面对面讨论人人所顾及的“人情因素”对协商结果的影响。

（作者单位：和平区南营门街道海光寺社区）

联动协商保安全

任 丽

一、暖气补建“暖”人心

急民之所急，办民之所需，在街道办事处、天新里社区居民委员会和区建委的共同努力下，建津里和万昌里的居民在这个冬天彻底告别了小煤炉。在这个房龄六七十年的老小区里，居民中大部分是老年人，冬天没有暖气，使他们的生活特别不方便。

75岁的张大娘是万昌里的居民，她在这平房大院里已经住了近60年。由于没有集中供暖，她家不到20平方米的屋子，冬天只能靠一个蜂窝煤炉取暖过冬，墙壁和屋顶早被熏黑了。张大娘说：“就是点着炉子，再加上电暖气，屋里也超不过16摄氏度，在家都得穿两件毛衣。我岁数大了，在屋里生火也挺危险的，大冷天还得一簸箕一簸箕往外撮煤灰。”社区主任多次与供热部门沟通，一直未果。

2015年8月20日，在社区人员的努力下，供热部门终于同意对建津里、万昌里没有集中供暖的居民进行登记。为了让大家能按时登记，避免遗漏，工作人员除了张贴通知、嘱咐邻居间相互转告外，还给没来登记的居民打电话，大家怀着喜悦的心情，一边登记一边咨询安装事宜。2015年9月22日，在居民委员会和供热部门的共同努力下，供热办为居民办理了安装手续。

当听说小区要补装暖气，张大娘笑得合不拢嘴：“做梦都盼着安上暖气呀，省事了不说，也安全了，干净了。”和张大娘一样，家住建津里的百余户居民，也都沉浸在喜悦中。大家帮施工人员挪地方，清理楼道里多年积存的煤球、劈柴和小煤炉……老街坊们忙得不亦乐乎。大家都说：“家里不再烟熏火燎，楼道没有了煤堆占道，冬天再也不用受罪了。”供热部门抢在供热期前为建津里、万昌里安装了暖气，居民冬天在家也会有春天般的温暖，居民们说，供热补建工程真是个“暖人心”工程。

这次的暖气补建虽然取得了居民的认可和满意，但我们知道暖气补建工作只是刚刚开始，社区还有没有安装暖气的居民，我们将继续与相关部门沟通，早日使社区居民都能过上暖身又暖心的冬天。

二、拆私装地锁，建美丽家园

天新里是一个老社区，没有专门停车场，居民的私家车都停在楼下便道上，许多人为此在公共用地上安装了地锁。为了给居民营造一个安全的出行环境，按照美丽社区建设、旧楼区长效管理的部署，社区对居民私自安装的地锁进行了拆除。

为了妥善处理地锁问题，遏制这种违规侵占公共用地行为，天新里社区居民委员会与公安、交通、城管等部门共同协商，并根据和平区的实际，制订了整治方案。首先发动社区居民委员会干部，深入居民家中做好解释工作，劝导他们自行拆除地锁，还路于民，净化美化市容环境；同时，根据《中华人民共和国道路交通安全法》《天津市市容环境卫生条例》等有关规定，在社区内张贴《关于拆除私自安装地锁的通告》，并利用悬挂横幅、电子屏等形式宣传动员居民自行拆除，在重点地段挨门挨户通知，要求地锁安装户在一周内自行拆除。

2016 年 1 月 12 日早上，天新里社区所有工作人员在社区主任带领下进行了清理地锁的行动，天新里社区在街道综合执法队、社区民警、社区志愿者共同协助下，对逾期未拆除的地锁强制拆除，本次共拆除地锁 56 个。

社区居民支持拆除地锁，安装户也表示理解，不少居民更是对居民委员会拆除地锁的做法拍手叫好。居民说：“道路是公共的，不能因为私利而侵占，大家应公平使用车位，先到先停。”但是也有一些车主担心小区没有统一规划停车位，这样晚上停车会带来不便。他们提出，希望能为本社区居民优先停车制定相关政策，以方便他们就近停车。社区居民委员会会将这一建议向上级反映，尽快研究解决之策。

三、排除高层安全隐患，共建安居环境

天新里社区是一个典型的老旧小区，小区现有 3705 户、居住人口 10640 人，是南营门街道最大的社区。社区先后多次展开大面积清整工作，集中清理了多处乱堆乱放的堆物杂物，以确保居民日常生活安全无隐患。

2016 年 3 月 1 日，针对观云里高层楼道和消防通道内堆物严重问题，社区召开紧急会议，并且在高层楼道内的每层张贴温馨提示，社区主任逐层包片先期对堆物的居民做耐心细致的动员工作，为集中清整做好准备。工作人员两人一组，每组负责几层，逐户敲门仔细询问堆物所属情况，每组发放扫帚、簸箕、麻袋，方便散碎物品的清理。社区书记、主任亲力亲为，在街道领导和街道城管科的大力支持下，全体工作人员、志愿者在清整工作中人人争先，不怕脏不怕累。大家把各层堆积的大件杂物，如沙发、铁柜、家具等，一起抬到楼下；小件的就用袋子集中运走，将楼内存放的纸箱、报纸等易燃物品也一并清走。从 3 月 1 日开始共计清理堆物 10 余车，取得了阶段性成果。

为了进一步搞好消防安全工作，居民委员会充分利用墙报、黑板报、录像、宣传资料等形式进行广泛深入宣传。社区组织居民进行消防知识培训，使大家掌握使用灭火器、报警、逃生自救的方法，学会了一般性的灭火知识。将继续开展清整工作，还居民一个干净整洁和安全的居住环境，同时并加强对高层楼房的消防通道和楼道通畅的管理和监督工作。

（作者单位：和平区南营门街道天新里社区）

开展协商民主　多部门协作更换排污管道

李小燕

一、背景介绍

滨西社区占地面积为0.17平方千米，东起营口道，西至滨江道，南起南京路，北至河北路，辖区内有事业、企业、私企单位120余个、个体户1000余个。社区户籍2732户、7386人；老年人200余人、残疾人288人、优抚对象27人；流动户籍314户、687人；社区分为22个居民小组，有76个楼院长。居民住房多为百年房龄的老建筑，辖区道路狭窄，人员拥挤，伙楼院多，公共配套设施陈旧老化，尤其是排污管道系统经常堵塞，给居民的生活带来了许多不便。

二、事件经过

河北里胡同是社区内典型的百年老建筑地区之一，胡同内建筑年久失修，配套设施老化严重。2014年冬季，河北里胡同14号的居民向社区居民委员会反映，家中后院的排污井发生严重堵塞，排污口不断地冒脏水，有时甚至向上冒粪便，气味难闻，院内无法正常行走，严重影响了居民的正常生活。

根据社区掌握的情况，河北里双排号（2～14号）住房下水管道堵塞情况频繁，由于哈尔滨道单排号（157～179号）的7家餐馆长期占用了民用排污管道，造成了居民和商户共用排污井的情况，餐馆排放的废水、油污过多，使本已老化的排污井难以负荷，所以经常造成排污井的堵塞。

为此社区管片主任又及时找到相关餐馆要求其尽快疏通，但在疏通过程中，餐馆反映有部分污水管道已严重塌陷，正常的疏通方法无法解决堵塞问题。社区在了解到这个情况后，首先联系房管站维修人员到堵塞现场进行实地勘查，听取咨询维修人员的专业意见，以此为依据制定解决措施。

经过现场勘查，听取维修人员的专业意见和居民、餐馆的意见，社区决定先行向劝业场街道房管站报修，经维修人员核实该管道的确存在严重塌陷的问题，但难题是管道经过的胡同，早已经被各个商户搭建的违章建筑所占压，如果维修更换排污系统中塌陷和损坏的管道，必须先要拆除这些违章建筑。但是，这里违章建筑已存在十余年之久，且位于寸土寸金的滨江道周边，7户餐馆业主都不愿配合拆除违章建筑，这无疑给维修施工造成了很大的阻碍。相关部门催促无结果，使居民和社区干部心里十分焦急。之后社区积极上报街道办事处分管领导，联系综合执法二大队、劝业场房管站、和平排水管理所等多个职能部门，协调他们就此问题共同协作，争取更好更快地为民解难。

根据以上情况，社区居民委员会加强与广大居民、餐馆业主和各有关部门的联系与交流，想方设法化解各种不和谐因素，召开社区议事协商会议，共同商讨解决方案。此次社区议事协商会议成员由驻社区单位、居民代表、街道办事处、综合执法二大队、劝业场保洁队、和平排水管理所、劝业场街道房管站等多部门组成，在社区党委书记与管片主任组织下召开。各部门就更换损坏严重的排水管道共同协商，群策群力，制订具体计划和实施方案，并达成共识。此外，还就更换管道施工中可能遇到的问题进行商讨，防止可能出现的矛盾以及如何化解各类不和谐因素，维护居民合法权益，促进公平公正，营造和谐的社会环境。社区还请到会部门代表来到居民家中了解居民实际困难，并且实际了解勘查施工中存在的问题和困难。

三、取得效果

最终，通过多方的共同努力，终于达到目标。在劝业场街道办事处的积极协调下，由综合执法二大队拆除了所有占压管道的违章建筑，由劝业场街道保洁队配合清理。和平排水管理所和劝业场街道房管站联合进行排污通道的维修更换以及恢复路面工程作业。万事开头难，在沟通过程中，由商户的不配合，到后期积极主动配合，这与社区和各部门与居民、商户的民主协商分不开。在执法部门宣传党的方针政策的条例后，商户和居民明白了自己的权利和义务，明确各职能部门的职责与分工，最大限度地提升了工作效率。所有涉及的餐馆最终同意拆除违章建筑，在拆除过程中没有一户滋事，全部积极配合。职能部门按照原定时间施工，和平排水部门在拆除违章建筑后重新勘测施工条件，提出科学的施工新方案，新管道的铺设采用双管道，把居民与商户的排污管道分开，从而彻底地解决了问题，一劳永逸，避免了后患。经过各部门的共同努力，最终彻底解决了居民困难，还居民们一个正常生活的环境。居民们自发地给相关职能部门送去了锦旗，表达内心的感谢。

（作者单位：和平区劝业场街道滨西社区）

社区协商议事为民解忧

米德琴

宁夏路社区地处劝业场街道的西南部，北起山西路，南至甘肃路，东起万全道，西至多伦道，面积约0.08平方千米，有10个里巷43个单元楼，135个院落。常住人口1081户、3456人，具有地域小、人口密集、老龄化程度高等老城区的特点。为居民群众服务是社区工作永恒的主题和重心，社区党支部坚持以人为本，以民生为先，紧紧围绕构建和谐社会，尽心尽力为居民群众办事实办好事，把党和政府的温暖送到居民群众的心坎上。

一、案例背景

天宁里是老旧小区，下水管道比较狭窄，经过几十年的使用，管道老化严重，存在滴漏、生锈、堵塞问题。特别是近半年来，居住在5号楼四层以上的居民家里水流很小，甚至经常没有水用。下水道还曾出现过粪水长时间流淌、臭水倒灌等现象，居民家中臭味难题，严重影响了日常生活，对居民的身心健康造成危害。此外，由于小区没有物业公司管理，居民想维修、更换新水管，资金成了难题。

二、具体的协商做法

社区工作人员了解情况后，进行“一事一议”，及时整合各方资源，成立了由社区党委牵头，社区居民委员会、党员代表、居民代表、楼门院长代表为主体的社区议事协商理事会和社区改水领导小组。同时成立了居民理事会，摸索让居民自己协商，形成解决问题的具体方法。居民理事会成员基本构成为“6 + X”，“6”即六类固定成员，包括社区党委干部、社区居民委员会干部、群众代表以及有威望的老同志、社会组织、专业人士；“X”即为其他利益相关方。

社区议事协商理事会成立后，多次与自来水公司联系，他们到现场查看几次后表示，经过长年使用，水管已经严重锈坏，无法维修，只能更换新管道。如果更换新管道，自来水公司可提供免费上门更换的服务，但需要楼内住户一致同意，自来水公司不负责协调。

根据这个情况，社区议事协商理事会和居民理事会成员挨家挨户走访居民征求意见。工作人员统计整理后发现，对于更换水管群众意见有些分歧，其中部分居民不愿意更换管道，主要是年纪大、儿女不在身边的独居老人，一楼底商担心换新管道会影响地面的商户和自家装修过、怕换管道破坏装修的住户。社区议事协商理事会成员对不同意更换新水管的居民挨家入户做工作，耐心解释更换新管道的重要性和必要性，以及更换后给居民生活带来的便利。居民理事会成员站在居民的立场上，动之以情、晓之以理，经过多方努力和反复沟通、协调后，大家达成一致意见，更换新水管的工作得到了全体居民的理解和配合。

之后，通过反复召开协商会议，大家群策群力，共同制订了工作方案。理事会再次邀请各方代表就提出的方案进行讨论、完善，最后得到一致通过。方案通过后，理事会争分夺秒、紧抓落实，争取让居民早日用上干净水。

三、工作成效

理事会成员将更换新管道的任务细化分解，落实责任单位和责任人，并派人全程跟踪、协调、监督施工情况，保证工程进度和质量。在多方努力下，自来水公司仅用一天时间，就更换了老化、生锈的水管、阀门，解决了居民用水的问题。2015 年 11 月初，家住天宁里 5 号楼的楼长李师傅把一面写着“为民解忧 情系百姓”的锦旗送到了社区领导手中，衷心感谢社区为民办实事。

四、案例启示

根据此次案例实践，社区进行了总结和分析，认为今后社区协商民主议事工作应做到以下几点：

1. 大力宣传协商民主议事的重要性，提高居民主动议事的积极性；

2. 走进居民，了解居民的需要，广开议题收集渠道，切实为居民解决实际困难，搭建居民与居民委员会沟通的桥梁；

3. 根据居民要求，以群众提出的方式形成议题，对所提的意见建议和群众反映的问题，由社区整理登记汇总，召开会议进行审定确定协商议题后交由理事会协商，经多方统筹，各方代表讨论，制订工作方案；

4. 加强多方协调，充分运用、整合社区资源，为社区居民服务；

5. 依靠群众，依法协商管理，全力做到社区长治久安。

以前对于居民反映的问题，居民委员会总是“有心无力”，现在居民的事自己提、自己议、自己做主、自己办，充分发挥居民的力量，很多困难迎刃而解。协商民主议事机制畅通了民意诉求渠道，把矛盾化解在基层，切实为群众排忧解难，增强了社区党组织的凝聚力，提升了居民对社区的归属感和满意度。

（作者单位：和平区劝业场街道宁夏路社区）

和驻社区单位一起共建共赢

郭　嘉

劝业场街道花园路社区地处市中心，南起河北路，北至和平路，东起营口道，西至锦州道，辖区面积0.24平方千米，现有居民2466户、6497人，社区单位、私企、个体商户千余家，因地理位置特殊，社区坚持构筑与辖区单位的相互合作、互利双赢的理念，增强驻社区单位“驻在社区、关心社区、建设社区”的意识，形成资源共享、优势互补、共驻共建的良好氛围。

一、扶危助困献爱心

花园路社区党委自2008年开始，建立了与辖区单位的共驻共建和救助帮扶机制，社区单位由最初的6家发展到13家，参加人员包括人大代表、社区单位领导、非公经济组织单位负责人，成为共驻共建、共创和谐的重要举措，也为各单位之间相互了解、相互沟通、共同发展搭建了平台。

因社区内老年人多、残疾人多、困难家庭多，所以居民委员会在社区“两会”上，就困难群体现状作了翔实的汇报，并希望得到单位的支持和帮助。通过走访了解到，社区单位和人大代表等13家单位和个人已经坚持8年向困难家庭进行帮扶，每年帮扶款800元或1000元不等，2016年帮扶款达9800元，近几年累计帮扶共8万余元。其中民建天津市委会员、滨海新区大港荣达科贸有限公司董事长坚持承包低保困难老人，并亲自将帮扶款送到老人手中，得知残疾人低保对象孔繁泽患尿毒症因透析药费陷入窘境后又捐款1000元。2015年7月，民建市委领导主动联系社区，发动民建会员帮扶4位独居困难老人，给予他们精神上的慰藉和生活上的关心帮助，年节送去慰问品，组织老人郊游，帮助老人维权，为老人进行心理疏导等，4 位老人心怀感激并制作了锦旗，在社区召开联席会时送到民建市委领导手中。

扶危助困一直是中天集团的宗旨。在 2013 年社区的纳凉晚会上，集团领导被居民的参与热情和社区工作人员的辛苦付出所打动，现场捐款 1 万元，用于资助家境困难，成绩优异的学生，2014 年 1 月还举行了“用爱播种希望　用心关注困难学子”暨中天集团扶助困难助学捐赠仪式，向受救助的 9 名学生发放了救助金。

春节前夕，人大代表、天津陶陶鞋业服饰有限公司总经理陶正勇入户发现社区木结构老式楼房存在火灾隐患，便及时捐赠 200 个灭火器并邀请消防干警为社区居民现场讲解灭火器放置地点及使用方法，为社区居民送去平安，送去吉祥。驻社区单位的善举，使社区加大与辖区单位共驻共建力度，更好地发挥资源优势。

二、打造品牌共驻共建

社区党委长期坚持党建联席会议制度，始终秉承“社区党建共抓、社区事务共管、社区环境共建、社区难题共解、社区活动共办”原则，围绕抓党建、强基础、保和谐、促发展的工作思路，全面开展社区各项工作。社区“两会”的召开，使社区和辖区单位建立了深厚的情谊，会议地点也由社区向辖区单位延伸，联席会议陆续在滨江商厦、陶陶鞋业、香槟小镇酒店、狗不理大酒店、百信珠宝金楼、和平区妇产科医院等单位召开，有的社区单位通过社区平台相互结谊，在经营业务上优势互补，收到了很好的效果。

在 2016 年社区党建联席会和议事协商会上，在原有 17 家共建单位基础上，新吸纳了和平区司法局、和平区自来水第二营销分公司、劝业场街道房管站、劝业场派出所、劝业场小学、宴宾楼餐饮公司、海天珠宝集团等 8 家共建单位，与他们签订了共驻共建协议书。在驻区单位参与社区治理、议事协商、资源共享的同时，花园路社区一直坚持挖掘社区资源，秉承文明共创、活动共办的工作思路，选择适合的单位共同参与开展社区特色活动，加大宣传力度，进一步扩大品牌影响。社区邀请劝业场派出所在和平区档案局小礼堂举办了防电信诈骗培训班，提高了居民防骗意识；在狗不理大酒店举办主题为“辞旧岁　展团队风采精彩呈现，金猴到　创美丽花园携手共建”和平之春联欢会，携手狗不理包子饮食集团公司、北京正大蛋业有限公司、宝贝计划幼儿园、武警某部、河北区群众艺术馆等单位，多方联手展示团队成果，让居民朋友们欢聚一堂，共度美好时光；举办的“亮绝活弘扬传统民俗技艺，相聚花园路共迎新年到来”年俗活动，邀请狗不理包子饮食集团公司的面点大师和社区书法班老师、剪报装订班老师、钢琴班老师现场展示绝活喜迎新年；以“吉祥年团团圆圆人康乐　元宵节甜甜蜜蜜乐花园”为主题的元宵节活动，邀请社区单位康乐饮料有限公司职工现场讲授元宵制作方法；以“龙抬头春满花园如意吉祥，二月二宴宾客来幸福安康”的节日系列活动，邀请社区单位宴宾楼餐饮公司和马文杰牛肉面馆的师傅现场展示春饼、烧卖和龙须面制作过程，并请居民代表和单位代表品尝；联合20余家共建单位在中心花园联合开展了主题为“弘扬志愿服务，共建美丽社区”花园路社区党员志愿者奉献日活动，社区单位代表、在职党员代表提供了司法咨询、用水咨询、房屋问题咨询、真假茶叶鉴别、真假药品鉴别、月嫂咨询、旅游咨询、酒店咨询、征兵咨询、皮革制品维护、免费理发、量血压等近20个项目的服务。

花园路社区多年来多举措整合资源，全面建立健全服务体系，提高工作服务水平，创新驻区单位与社区参与配合的工作特点，进一步巩固共驻共建工作成果，引导驻区单位充分发挥其在基层社会管理服务中的作用，形成驻区单位与社区齐抓共管的良好局面。

（作者单位：和平区劝业场街道花园路社区）

通力合作解决遭受火灾居民生活难题

黄丽娜

一、案例背景

2016年2月23日凌晨，正当过完元宵节居民熟睡时，蒙古路社区的河南路小区83号楼门一楼楼道发生火灾，全楼共有13户，当天晚上在此居住的有9户，其中租户5户，住在一楼的居民孙炎、陈娟夫妇，发现楼道火情后立即大喊，叫醒同楼居民并拨打119火警电话。住在二楼的租户邢师傅帮助邻居段奶奶及时离开现场，9户常住居民中只有刚来此居住仅一周的租户未及时逃离导致受伤住院。

二、协商做法

（一）主动作为，安抚受灾居民

当日早晨8点半，社区主任带队与管片主任一起到事发现场了解情况。得知有一租户受烟熏受伤住院，立即与其家人取得联系，经了解伤者为到天津仅一周的甘肃籍幼儿女教师，在广州实习期间来天津探望男友，社区主任多次联系女方家人，使其家人深受感动。社区又帮助其积极治疗并开具了事实证明，后又对其家人进行心理疏导。伤者出院后，随其家人返乡。

一位遭受火灾的一楼住户来到社区，情绪激动地要求社区为其解决住宿问题。社区主任耐心地倾听其需求，帮助其出主意、想办法，解决其后顾之忧。居民被主任的热心与耐心感动了，了解到房屋维修、燃气、供暖社区都负责到底，主动答应先回家，并表示会积极配合社区做好工作。

（二）多方协商，解决居民后顾之忧

河南路83号楼是有百年历史的老旧楼房，一楼起火，危及全楼。为了做好善后工作社区进行了多方协商，走上了为居民办实事的调解之路。劝业场街道领导对火灾后续事态和处理进展情况高度重视，多次了解房屋修缮、清理情况。

面对全楼居民的恐慌情绪，社区主任一边安抚一边与驻区消防队多次沟通，探究起火原因并召开居民会议，把了解的动态及一系列的调解步骤及时告知居民。首先，等待消防队出具火情报告，探究责任人及赔偿问题，并及时通知全体楼门居民领取报告。消防队最终查明起火原因是由于电线老化，无具体责任人，这就意味着社区将负责联系房屋维修、恢复供电供暖等一系列工作。在困难面前，社区工作人员没有懈怠，厘清思路、迎着困难有条不紊地开展工作。

由于该房屋无物业管理，维修工作归属房管站，社区又与分管片区的房管员联系，决定由房管站先更换、安装楼门大门，为楼道木板加固并粉刷墙面。一楼孙炎家的屋顶防护板烧损，社区又多次与房管站负责人联系，为他家换了新的防护板，孙炎深受感动。维修期间，二楼维修踩塌一楼住户的屋顶，对一楼陈娟的屋板造成了损坏。社区主任又联系房管站为其安装、更换新屋板，陈娟对社区的帮助深表感谢，这也为今后燃气管道施工的顺利进行奠定了良好的基础。

最后，对于卫生清洁问题，社区本着尊重居民，物品自理；领导重视，全程跟踪；突出楼长作用，积极高效的原则，及时通知各户限期整理自己的物品。其余杂物由社区积极联系清洁队，发动全楼户主配合，共同进行清整。对把杂物堆放楼道的住户，居民委员会趁此机会多次与住户沟通，得到了大多数居民的理解配合。在清理一楼后院时，面对这一院的无主之物，顶着楼院中的阴风阵阵，社区几位主任多次与清洁队协调清理，历经3周终于清理完成。

（三）耐心协调，保障居民正常生活

房屋修缮了，环境清洁了，但居民不能正常做饭、用电、供暖又成了急需解决的问题。居民吴师傅，儿子智障，一家三口靠经营本小利薄的羊汤馆维持生计，没有电、没有燃气，羊汤馆无法经营，其心急程度可想而知。社区主任与燃气部门联系，请燃气公司的师傅来到现场测查各户燃气表破损情况。社区主任随后就维修费用问题与燃气公司等单位负责人协商，确保居民能够低费用、高效率地解决问题。尽管社区为住户争取了最低的费用，但还是有多户不愿意承担维修费。社区首先与一楼住户陈娟、吴师傅联系，由于前期在维修房屋等问题上对他们的帮助，使其成为缴纳维修费的带头人，还与楼长一起做群众动员工作。维修资金到位后，终于使燃气问题得到妥善解决。

三、工作成效

经过一个多月的协商协调，事态虽有波折但始终朝着有利的方向发展。现各项事宜已解决完成，居民得以安心工作生活。蒙古路社区诚心诚意地为居民办好事、办实事，遇事不怕事，有事解决事，使社区居民和谐融洽生活。特别是加强协商民主建设以来，社区各项工作都有了明显的提高。通过开展协商民主，不仅协商出了办法，更在社区和居民之间协商出了共识、协商出了团结，有效地促进了决策科学合理和社区和谐稳定。通过开展协商民主，社区居民提高了参与社会建设、参与基层协商民主的主体意识和责任意识，充分发挥其在基层社会治理中的积极作用，推进了基层民主政治建设。通过开展协商民主，社区的大事小情由社区、居民及其相关部门平等协商议事，大大提高了社区基层各项决策的民意含量，增强了决策的实效性，真正做到了“权为民所用、情为民所系、利为民所谋”。

（作者单位：和平区劝业场街道蒙古路社区）

协商民主完成二次供水改造

张　莹

一、案例背景

兆丰路社区地处劝业场街道的繁华地带，社区共有3061户、8724人。辖区内的锦中大厦始建于1993年，由于是高层建筑，居民的生活用水由建在屋顶的水箱提供。

2009年换届选举后，社区召开议事协商会和居民代表大会，广泛征求居民们对于社区建设和居民关注的热点、难点问题的意见和建议。锦中大厦业委会主任提出锦中大厦的水质太差，杂质太多，经常出现黄水，希望居民委员会能帮助协调改造这跟居民生活息息相关的问题。社区、居民委员会高度重视这一民生问题，先后两次召开锦中大厦业主大会，并来到负责自来水二次供水的部门，与相关的业主代表和工程负责人一起商讨解决办法和工程实施细则。最后，拟定于2009年6月开始动工。

但是，问题随之产生了。锦中大厦是社区唯一一处高层商品房，许多居住在此的私企业主、个体商户由于之前有物业管理，与居民委员会没有太多的联系，业主们与居民委员会之间的交流都通过物业公司，而就在换届选举前夕，业主们与当时的物业公司因物业费用拖欠的问题发生了严重冲突，物业公司不辞而别，这让居民委员会与业主之间增加了无形的隔阂。此外业主们都对居室进行了装修，而改造卫生间内的水管，大都被装修包裹在墙内，像这样装修的业主比例达到80%以上，给改造工程造成了巨大困难，许多业主坚决不同意改造。而二次供水的改造规定只要有一户住户不同意，各个楼层相应的住户就都不能施工。一时间业委会感到困难重重，举步维艰。

二、具体做法

针对上述情况，社区立即召开业主委员会会议，给他们打气，让他们振作精神。会议上还决定将难点集中，采取先易后难的办法，先从难度较小的A座入手，由业委会出面做业主工作，居民委员会配合工作。业委会主任带头，自己找人将自家的用进口不锈钢装修的卫生间一面墙全部拆开，露出了自来水管，其他业主委员会的成员也纷纷效仿，拆除装饰。随后，业委会的成员们分别到那些有问题的业主家里做思想工作，哪座的工作做通了，先更换哪座，一旦工作做通，社区就联系自来水部门，立即改造。改造当天，我们就在现场，遇到问题及时协调解决，保证工程在一天之内完成，不留后患。就这样，就像打攻坚战一样，一块阵地、一块阵地地攻，终于率先完成了大厦A座的二次供水改造工作。

改造后的自来水清澈、水中无杂质、水流速度快。而更换下来的自来水管锈蚀严重，我们留下这一实物，让其他楼座居民们看。另外，完成二次供水改造的业主们还现身说法，请其他楼座业主到家，喝茶聊天，请他们亲身感受改造后的水质。这种做法很有效果。很快，B座也完成了二次供水改造。

在做C座住户工作的时候出现了难题：居住在C座6楼的一位独居的老太太，其在外地工作的儿子嘱咐她不能动原装修，老人认准了儿子的话坚决不让施工。我们集思广益，确定由业委会的成员入户做老人的思想工作，由居民委员会的人跟她儿子谈，这样双管齐下，终于做通了她儿子的工作。但是他提出要恢复与原来一样的装修效果。他家的卫生间是由不同形状的玉石装修的，玉石要是破坏了，很难再恢复原样。我们找来社区里的能工巧匠，花费了3个小时，小心翼翼地拆除了装饰，等水管更换完毕，又用一上午的时间恢复了原样。这样，C座也完成了二次供水的改造。

在改造D座的时候，有一户业主年轻守寡，含辛茹苦把儿子带大，用一辈子的积蓄给儿子买下房子、装修结婚，现在让她拆除卫生间装修，她无论如何都接受不了。业主委员会找到社区，社区就鼓励业委会委员们到她家做工作，发动周围邻居轮流到她家串门、聊天，来说服她接受改造方案。整个过程中我们及时了解动态，当最后时机成熟时，我们早已联系好施工单位，以最快速度动工。但是，就在动工当天，她又反悔了，害怕自己的房子无法恢复原样。了解到这个情况后，我们立即帮她联系了居住在社区的个体装修户，并出面协商价格，最后以让她满意的价格将她的房子恢复了原状。

三、工作成效

社区用了一年的时间，克服重重困难，充分发挥业主委员会的作用，完成了锦中大厦 A、B、C、D 四座的二次供水改造工作，为居民们解决了这一重大民生问题。社区的工作得到了居民们的赞许，为表示感谢，业主们给社区送来了锦旗。

历时一年的二次供水改造终于完成了，这件事情大大拉近了社区与业主之间的距离，密切了社区与业委会之间的联系。通过发挥协商民主的作用，加强业主委员会与社区的交流，使得业主委员会在这次二次供水的改造中发挥了巨大作用，也使他们在业主中增加了信任感和可信度。

2012 年，社区完成了新一届业主委员会的换届选举工作。换届后，锦中大厦的业主们又提出消防通道被垃圾、废物堵塞的问题，社区组织召开协商民主会议，在会上业主们对大厦进行彻底清理达成了一致，业主委员会主任和成员们带头清理自家的废物和垃圾，社区以此为契机，清理了 4 辆卡车的垃圾、废物，畅通了消防通道，这一举动得到了业主们的一致好评。我们趁热打铁，协调有关部门将大厦进行了粉刷。在不断为居民服务中，民主协商增进了社区与业主委员会之间的沟通和交流，为在今后的工作中发挥更大的作用打下了坚实的基础。

（作者单位：和平区劝业场街道兆丰路社区）

协商显成效　环境换新颜

潘淑颖

社区是协商民主深入基层社会治理中的重要场域，而协商民主则为社区治理提供了公共参与的协商、沟通机制以及多元主体之间有效的利益整合机制，提高了社区治理的成效。

国际公寓社区位于和平区五大道街道北部，占地面积约 0.16 平方千米，居民户约6000 余户、近 16476 人，商户 500 余户，企业、事业单位近千家。社区地域建筑包括：诚基经贸中心 A、B 座、世贸广场 A、B 座、市建委大厦、庆华里小区、民航大厦、郡隆广场 A、B、C、D 座、抗震纪念塔等。其中诚基经贸中心更是由于其居住结构密集，来往人员流动性大，环境“脏乱差”、“三大房”林立楼内、治安消防隐患严重而被列为“天津市十大隐患楼宇”之一。

近年来，国际公寓社区由传统的社区公共事务的“自上而下”模式逐渐转变为通过制定基层协商民主“内容清单”来确定协商议题，在社区协商民主实践中也逐渐形成了“自下而上”的民主协商机制，把居民生活中迫切需要解决的难题作为协商议题，使社区内的协商民主更接地气，更具实效，同时也激发了居民参与社区议事的民主氛围。自转变以来，社区通过居民协商民主的形式，加强群众解决事务参与度，亮化透明地为群众解决了一系列大事、难事，得到了群众的认可。

一、协商民主改善辖区环境，兴建小区垃圾房

诚基经贸中心原有垃圾房，垃圾乱堆，生活垃圾和工程垃圾无法分开，致使周围环境脏乱，居民为此多次反映。社区为解决这一问题，多次在党委会及居民代表会中就如何兴建新的小区垃圾房、如何选址、如何改造等问

题进行商讨，充分进行民主协商，采纳居民建议后报上级单位批复。后经区政府研究，2013 年，社区党委联系相关部门对诚基中心垃圾房进行施工改造，改造后的垃圾房干净整洁，配有先进的垃圾挤压装置并配备专职人员负责垃圾房的管理工作，彻底解决了诚基经贸中心垃圾堆放和清运的问题，给老百姓营造了一个良好的居住环境，受到了广大居民的赞同。

二、发动群众攻克难点，联合多部门安装消防烟感报警系统

为了彻底杜绝与防范诚基经贸中心的消防安全隐患，提高发生火灾时的应急报警系统的安全性，诚基经贸中心全面开展消防烟感报警系统的安装更换工作，但第五大道商业街的少数商户却拒绝更换。为此，社区发动居民代表，通过召开民主集中会议的形式向居民群众宣传该项工作的重要性，调动社区热心居民参与社区事务，并多方协调消防、派出所、市场监督管理所及长城物业公司等部门，与居民群众一起对不配合安装的商户进行逐一走访，耐心讲解消防安全的重要性，逐户逐人做工作，最终使包括商业街底商中国银行在内的 16 家商户同意更换消防烟感报警系统，并全部安装完毕，使诚基经贸中心进一步地强化了消防安全，杜绝火灾发生的隐患。

三、迁移自行车棚内花坛，改善诚基经贸中心外环境面貌

诚基经贸中心的外环境一直以脏乱著称，3 号楼 1 门门前的自行车棚护栏内有两个花坛，但花坛内经常堆积大量的垃圾杂物，既影响了社区外环境和居民的生活环境，又影响了老百姓存取车辆，为此，居民群众多次反响强烈。社区通过召开民主协商大会，征求居民群众的意见，使居民群众参与到解决事务的过程中。根据居民的建议，社区在区园林委和街道领导的支持帮助下，把原有的自行车棚旧护栏进行拆除，将存车处内花坛移到 3 号楼门前花坛重新扩建。这样一来，绿化面积既没有减少，又美化了环境，存车处又能多存放自行车。整修一新的花坛不仅解决了外环境脏乱差的现状，还改善了居民的生活环境和存车问题，得到了群众的一致赞扬。

四、民主协商让庆华里旧楼换新貌

庆华里小区的楼体老旧，自来水、燃气管道老化泄漏，上下水管道堵塞，给居民群众生活带来了极大不便，但2014年旧楼改造的计划区域内并不包括庆华里小区。为此，居民群众多次反映，社区党委也多次向上级有关部门反映庆华里小区的实际情况，希望能特事特办，借此机会能够把庆华里小区纳入旧楼改造的范围，切实解决居民群众的实际困难。经过不懈的努力和上级领导的高度重视，庆华里小区最终被纳入旧楼改造范围。但在实际施工过程中，上下水管道改造遭到部分居民不配合。对此，社区及时邀请庆华里小区的楼院长和热心居民召开民主协商会议，着重讲明此次旧楼改造机会来之不易，各楼院长和热心居民纷纷献言献策并逐户走访，对不配合的住户做思想工作，最后终于通过协商解决了上下水管道改造问题，使庆华里小区旧楼改造工程顺利完成。改造后的小区焕然一新，并修建了小区值班室和自行车棚，居民群众赞扬社区为居民群众办了一件好事、实事。

以上是我们在社区协商民主方面为百姓办好事、办实事工作中的一些典型事例。社区事务离不开居民群众的支持，提高居民的参与率、事务的解决率是体现协商民主的重要途径，也是社区发扬民主协商的一大举措。作为商业楼宇小区，协商民主的特点主要就是发动社区积极分子、楼院长、热心居民及物业公司参与到协商议事中来，积极公开透明协商民主化，使整个小区营造一个积极健康的协商民主氛围是尤为重要的。

（作者单位：和平区五大道街道国际公寓社区）

联动办实事　居民过暖冬

王君宏

福林里社区一直以民主监督、民主管理、民主自治、民主协商、人大、政协联动、辖区单位参与解决事务为社区工作的基本出发点。多年来，社区一直秉持民主协商的理念，特事特办，讲求效率，但发生涉及大多数居民利益的矛盾时，社区则通过召开民主议事协商会，群策群力，多方协同，最终力求达到居民满意。社区在发挥基层组织作用的同时，注重激发居民内在的潜能，让居民在整个事务的参与过程中了解程序，懂得合理合法维护权益，遵循发展规律，达到解决问题的目的。

一、案例背景

和平区五大道街道的建筑很多为20世纪20年代的老房子，遗留下许多的问题。看着外表光鲜、闻名遐迩的五大道小楼，住宅内却没有燃气、暖气，这些问题一直困扰着这里的老住户。福林里社区同样存在着许多这样的老建筑。多年来老建筑内的住户忍受着寒冬无暖气的状况，房屋老旧、道路狭窄等问题也使老小区一直没有集中供暖的生活条件。

其中岳阳里小区作为20世纪70年代的老旧危房，因无开发商接手进行拆改，十几年来无法实行集中供暖。居民们只能以生炉子、开空调等方式取暖。寒冬到来，社区内的老年人常常引发老毛病。岳阳里4号院的乔伯伯虽然是位残疾人，因他热心居民事务又算院里的“年轻人”，被推选成为楼院长。为了解决岳阳里供暖的问题，居民们推举他和几位居民作为代表，向上级反映情况，最终还是无功而返。

2012年，在市委领导的关心下，五大道地区的集中供暖问题终于被提上了议事日程，但由于福林里的老楼区不在五大道中心区域，没能搭上集中供暖的顺风车，被甩下的这些老楼区的居民再一次感到了失落，能装上暖气是他们迫切希望解决的最基本的生活问题。

二、具体做法

在市人大代表、市政协委员参加会议的时候，社区和居民代表向他们反映了老百姓尚未解决的供暖问题。市人大代表就岳阳里供暖问题上报议案，并不辞辛苦地奔走于各部门进行协调落实，最终在社区“公益有我”平台的资源优化动员，由市人大代表、市政协委员提案，街道社区联动协调，天津电视台等媒体动员，热力公司技术支持及辖区单位、社区居民提供支持保障的多方合力下，终于在 2014 年 12 月让岳阳里的百余户居民盼来了集中供暖。

民主协商参与建设过程：

（一）2014 年 10 月 15 日，福林里社区居民委员会在与居民代表沟通联系的前提下，与供热办、热电公司三方共同为沙市道、岳阳里小区建立供热站选址。经热电公司专业人员建议，暂定沙市道 55 号院内为一处供热站新址。但由于与供热站点距离较远，管路安装问题有可能使热源损失，导致居民家中温度不达标。社区随后又召开楼院长、居民代表会议向大家说明实际情况，居民代表参与共同商议，最终放弃沙市道 55 号院内建供热站的想法。

（二）2014 年 11 月 13 日，福林里社区居民委员会、供热办、热电公司三方人员又重新为建立供热站选址，这次选定在岳阳里小区绿地内建站。但在绿地内建站涉及园林部门，需向相关部门审批报备。其间建委供热人员与社区和岳阳里小区的居民多次沟通，反复征求意见，建委供热办与市容园林部门协商办理使用绿地相关手续。随后又召开楼院长会议说明情况，经共同商议，最后选址岳阳里小区绿地，实现供热的第一步。

（三）2014 年 11 月 20 日上午，福林里社区居民委员会、热电公司一同实地考察沙市道和岳阳里、云南路及所辖平房所需供暖的具体事宜，在对施工所使用电源事宜进行商讨和实地考察后最终落实用电情况。

（四）2014 年 12 月，全市供暖已有半月多。岳阳里的供暖施工现场也在加紧施工。看到施工的师傅穿的衣服不够保暖，有好心的居民就把家中的厚衣服拿给施工师傅御寒。路面被挖开，一根根圆粗的供热管道在施工师傅们的努力下被埋入地下。年底前，社区内的老小区供暖设备全部铺设完毕。当暖暖的水流透过冰冷的暖气片为居民家中送来了温暖之时，居民们的脸上露出幸福的笑容。就在供暖几天后，人大代表还来到老百姓的家中查看暖气温度，乔伯伯和居民代表们感动地说：好政府出台的好政策，好干部领导的好队伍，才使得我们盼望多年的暖气通了。

同月，通过人大代表的呼吁，之前岳阳里的大门损坏丢失，区容委为该社区重新安装了新门，小区面貌焕然一些。

三、工作成效

目前岳阳里 13 个楼门，约 40 户居民；云南路 14 个楼门，约 40 户居民；沙市道 3 个小院，约 20 户居民全部实现供暖。在整个实现岳阳里小区的供暖过程中，社区居民委员会、人大代表、政协委员、建委供热办、施工队都参与其中，为居民能早日用上暖气竭心尽力，实实在在办了一件暖人心的大事好事。社区遗留下的零散的居民片，在社区与供热办的持续沟通协商下，也于 2015 年年底全部完成供暖。居民们都很满意，见到社区工作人员就说“现在家里通上暖气，冬天一点儿都不冷。这是政府办的一件大好事，大实事”。

（作者单位：和平区五大道街道福林里社区）

民主协商助力自来水改造工程

商　斌

文化里社区坐落于享有“万国建筑博物馆”美誉的五大道地区，东起云南路，西至贵州路、西康路，南抵大理道，北至成都道，总面积0.16平方千米。社区环境幽雅，建筑历史悠久，人文底蕴深厚。近年来，在街道党工委、办事处的指导和广大群众的支持下，社区一直在建立健全民主协商制度上作出努力，坚持“以人为本、服务群众、团结协作、共建和谐”的宗旨，以社区党建为龙头，以服务群众为抓手，以群众满意为准则，卓有成效地开展各项工作，并依靠社区力量，强化民主协商制，让社区的发展成果惠及每位社区居民。由于辖区内有许多老旧居民楼，这些楼房都存在着基础设施老化等问题亟待解决，其中旧楼自来水管改造就是一个重要问题。

一、居民的事，居民反映

2015年4月中旬，家住常德道75号一号楼的沈女士来到社区求助。通过沈女士的诉说，社区工作人员了解到当时一号楼自来水采用的是主管道进水后，再分流到每家每户，由于主管道是铁管，经过三四十年的使用，已严重腐蚀，分流到每户的自来水都是锈水；管道老化导致的漏水也相当严重；由于旧水管口径较小，水压不够，很多居民自己加装水泵二次加压，变成自家有水、邻家没水。这些问题严重影响居民用水安全，对居民身体健康造成伤害，同时也不利于邻里关系的和睦。但在此之前几次自来水改造中，常德道75号一号楼并未列入其中，主要因为该楼之前属于企业产权，加上楼内居民意见不一致，以及房管站不了解管道内部结构，施工改造有一定困难。由于该楼属于企业产权变更为居民购买后的私人产权，没有物业公司提供服务，所以沈女士希望社区能够帮助利用最后一次自来水改造的机会解决吃水难的问题。

二、加强多方协调，着力解决实际问题

（一）联系相关人员，做好前期准备

社区居民的诉求就是社区的工作重点，为尽快解决困扰居民生活的难题，该楼网格负责人立即向街道反映情况，由街道协调联系自来水公司、房管站前去了解。同时，网格负责人通过各种渠道与该楼之前产权单位农业银行取得联系，并前往该单位借阅管道设计图纸等资料，由房管站工作人员负责联系自来水公司作为施工时的参考。施工人员依照设计图对楼内结构进行勘察，从而制订计划确保在施工过程不影响房屋结构。

（二）居民的事，居民商议

由于自来水改造牵扯到每户居民的利益，涉及范围较大。从 2015 年 4 月开始，到 7 月初社区先后六次召开全体居民协商会议。参会人员包括自来水公司、房管站、一号楼 28 户业主、社区工作人员。每位参会业主针对此事发表意见，共同讨论了一系列问题。在这几次会议上，社区工作人员连同楼院长、楼内居民代表挨家挨户进行沟通并宣传利好政策，与个别住户进行深入沟通，协调邻里关系。在最后一次协商会上，28 户业主又同社区工作人员一起讨论施工给一楼地面带来破损的修护费用问题，并对后续维修工作达成一致，确定在 7 月初进行施工改造。会后，网格负责人将协商结果进行张贴告知，让大家进一步了解施工方案以确保施工顺利进行。

（三）集众力解决难题，共享改造成果

改造前一天，网格负责人协调联系自来水公司、房管站工作人员前来了解情况，和自来水公司、施工队一同沟通确认腾出水管位置的空间以方便施工，第二天早晨 6 点开始更换管道，将楼体主管道更换成高质量的 PE 管。在施工中，社区工作人员全程监督把关，只用两天时间就顺利地完成自来水管改造。改造后水压明显增大，基本能满足全楼居民用水需求，而

且水质也得到保障。楼内沈女士、杨先生还代表全楼居民来社区为该楼网格办负责人送来锦旗表示感谢。

更换自来水管道只是旧楼改造的一部分，但居民的事没有小事。作为年轻的集体，我们有能力、有信心做好各项工作，同时我们更应该发扬民主，广泛听取民意，收集民智，共同协商。居民参与度高，积极配合，此次活动取得了非常满意的效果，充分显示了居民对基层协商民主工作的认可度。

当然，我们也意识到需要努力的方面还有很多，在以后的工作中，我们还要做到：1. 通过“自下而上”的方式形成社区公共事务议题。协商民主在社区落地首先要解决的是“议什么”以及“由谁来决定议什么”的问题。2. 激活传统资源、整合新型资源，搭建多元化的社区民主协商议事平台。其一，创新利用好传统议事资源，党建工作是其中的重要平台。其二，各相关利益主体都能积极参与到社区事务治理中来。其三，通过网络信息技术的应用，创新社区协商民主平台建设。3. 引入科学的议事规则，规范社区公共议事程序。这一规则的运用，能够提供一套面向基层、面向实践的规则来指导居民合理表达诉求以及化解矛盾纠纷。4. 兼顾个人权利，激发利益相关主体参与社区公共议事的热情。充分调动社区居民参与议事的主观能动性，实现从“政府让我们议事”到“我们想要议事”的转变。社区作为一个社会中的基层群体，如果能齐心协力，充分利用每个工作人员以及社区居民的聪明才智，按照公平、公开、透明、民主的原则去打造社区，那么社区管理工作将不再是难题，我们的社区也将更加祥和稳定。

（作者单位：和平区五大道街道文化里社区）

拓宽协商渠道　解决饮水难题

杨薇娟

澳门路社区地处五大道建筑风貌区，户籍居民1756户、5420人，现居844户、2491人。社区办公及活动场所300平方米，工作人员14名，实行网格化管理共划分8个网格，共有15支志愿者队伍，共565名志愿者。

经过时代的发展，澳门路社区的很多老旧小区都出现了基础设施老化、居住人口混杂的情况，新三多里小区就是其中之一。该小区居民来自四面八方，居民相遇不相识，特别是小区物业管理、业主委员会、社区居民委员会之间管理体制不尽相同，职责不明晰，与居民协调缺乏有效途径，导致社区公共事务、居民邻里琐事难以协调，成为社区管理难、不和谐的重要因素。

一、事由和背景

新三多里小区的房屋多是1982年建造的，面积1000平方米，居民54户。采取的是主管道进水，再将自来水分流到每户，主管道铁管多年一直未更换。外管网更换后，水压把铁锈冲进楼内水管，导致主管道堵塞严重，水流较小，而且楼上没水。楼下居民每天都要放水半个小时，水质才会逐渐变清，且水里还是有铁锈沉淀，严重影响了居民生活质量。

二、具体的协商做法

（一）健全组织，加强领导

社区为解决新三多里小区居民的饮水困难，决定启动自来水管网改造工程。社区整合各方资源，成立了由社区党委牵头，社区居民委员会、居民代表、楼栋长代表为主体的议事协商理事会。建立健全民主参与的机制，让社区居民在表达和参与中通过协商理性表达诉求，促进社区决策科学化、民主化。

（二）事由民议，倾听心声

在小区自来水管网改造前期社区干部入户民意调查时，部分居民和单位意见分歧很大，全体居民并未达成共识，故该楼门自来水管网未能进行改造。

2015 年 11 月，该楼门部分居民来到居民委员会，反映水流小、水质差，已影响正常生活，希望居民委员会帮助协调解决。得知该情况后，社区主任立即联系自来水公司，向其说明希望更换自来水管道，得到了肯定的答复。与此同时，议事协商理事会工作人员也多次入户找到一楼居民，把楼内其他居民用水困难情况作了详细说明，希望其能配合更换自来水管道，但一楼居民提出需要经济补偿。

因为新三多里小区既有住户，又有底商，需要双方全部同意才可更换管道，所以议事协商理事会工作人员又找到底商新中国商店经理，该经理表示，只要施工后破坏的位置能恢复原状便可配合管道改造。针对一楼居民以及新中国商店的要求，议事协商理事会工作人员又与楼内其他居民进行了多次协商，最后四楼一户居民表示，如果楼内其他居民不同意，一楼的经济补偿以及底商的恢复工作就均由他来承担。前期协调工作终于尘埃落定。

但当议事协商理事会人员再次联系一楼居民确定施工时间时，该居民提出，近期没有时间配合更换管道工作，施工时间需要推迟到明年。虽经反复劝说，但该居民仍表示近期确无时间。议事协商理事会人员将此情况告知楼门内其他居民，得到大家的理解。

（三）积极协商，抓好落实

2016 年 3 月份，更换自来水管道一事再次被提上议事协商理事会日程。居民委员会召集施工涉及的住户及相关单位坐到了一起，召开协商会议，大家共同研究水管改造的可行性方案。对一楼居民提出的将经济补偿形式由签订书面协议形式确认的方案，讨论通过并经过协商完成了协议。社区协商理事会将任务细化分解，落实责任单位和责任人，同时安排专人负责跟踪、协调、监督办理情况，切实解决了“谁来负责办，怎么办落实”的问题。自来水公司负责人当场确定施工时间，新中国商店也表示配合改造施工。通过议事协商，圆满地完成了一件与居民利益攸关的大事，让居民利益最大限度得到保障，促进了社区和谐。

（四）权为民用，规范使用

澳门路社区党委充分利用社会资源，形成了以社区党委为核心，以辖区单位党组织为依托，条块结合的社区民主协商新格局。社区与辖区单位签订共驻共建协议。社区定期召开议事协商会议，一起民主决策社区的大小事项及阶段性问题，指导居民合理表达诉求以及化解矛盾纠纷。议事协商会议成员为社区建设出思路、出创意，并对方案可行性提出监督意见及评估工作效果。一年以来，社区在议事协商各项管理制度及社区建设上下功夫，在议事成果落实和效果监督方面，按照《社区协商议事规则》规定：需要社区落实的，社区“两委”及时牵头实施；对其他合情合理合法的事项，协调相关人员或单位执行；不能解决的事项，及时向上级部门汇报转办。同时坚持协商内容、过程和结果“三公开”，做到“件件有回音、事事有答复”，最大限度保障社区居民的知情权、参与权、决策权和监督权。

（作者单位：和平区五大道街道澳门路社区）

共谋共计　小区和谐

王学滋

泰安道辖区内建设路 89 号居民区，有 5 栋居民楼共 69 户，常住居民 40 余户。

一、建设路 89 号居民小区基本情况

起初引进了物业管理公司进行管理，后期物业管理公司以缴费标准低，不能维持物业正常支出要求提高物业费，部分居民以服务质量差、清扫不干净等为由，不同意提高物业费。在这种情况下公司无法正常运作，于 2012 年撤出。

建设路 89 号居民区在无人管理的状态下拖欠水费，路灯不亮，楼道无人打扫 ，居民乱扔垃圾，环境脏乱差，花园内杂草丛生，公共设施也遭到不同程度的损坏。夏季蚊蝇滋生、垃圾无人清理、污水外溢等致使人们不能开窗户通风，冬季下雪无人清除，老年人不能在小区内遛弯。自行车丢失严重，汽车被砸、被划时有发生，外来车辆经常在小区停放和出入，造成小区因停车位问题严重，为此有的居民气愤之下把车堵在小区门口。邻里之间经常发生矛盾纠纷，常因琐碎事情在小区内打得不可开交，报警已是家常便饭，严重影响了居民的正常生活。

常言道，家是温馨的港湾，可居住在小区的居民却感觉不到温馨，为脏乱差的环境感到郁闷。小区内有威望的几位老人曾一起协商怎样把小区管理起来，经协商大家一致认为把开发商自建的几间平房出租，租金用于小区卫生环境管理、公共设施维护、水电费等费用支出。可居民却对出租平房各持己见，为租金多少、租给谁、租户扰民等问题而争吵不休。虽然几位老人为此费尽周折，最终把房屋租了出去。但仍有居民认为租金使用

不合理，经常到保管房屋租金老人家中大喊大闹，甚至打到居民委员会，甚至把一位居民代表家中的防盗门砸坏，经报警后才得以平息。小区居民中出现了对立的两派，居民生活不得安宁，从此以后所有楼门院长、热心居民都不再“敢”为小区服务。

二、主要做法及工作经过

2015 年 10 月，泰安道社区居民委员会根据街道领导研究的方案，结合建设路 89 号小区房屋出租、环境卫生清扫、公共设施维护处于滞后的状况，本着听民意、集民智、集体决策、民主解决，和今后小区居民自治发展方向，制订了方案。居民委员会主任立即召开党委班子成员会议，与管片主任共同协商，并与管片主任亲自入户调查，广泛征求民意。社区居民委员会于 2015 年 12 月，先后两次在小区内张贴通知，通知居民到居民委员会召开业主代表会，协商解决小区遗留的问题，理顺今后小区业主自治管理发展方向。但到会的人寥寥无几，未取得很好成效。后经研究分析了解到：一方面人们经历了小区的往事，“一朝被蛇咬，十年怕井绳”，不愿意参与社区事务；另一方面是小区内老人居多，大多行动不便不能参会。于是居民委员会采取了另一方案，由居民委员会打印选票，以楼栋为单位，每栋楼选出 3 ~5 名热心为居民服务的代表。可居民很保守，收回的选票很少，而且部分是代写选票，有效票也是寥寥无几。后经入户调查得知居民不再相信任何人能为小区做事。

居民委员会主任越发感到这项工作的难度，考虑到上述因素，认为做社区工作就要深入群众，倾听民声，只有知道了群众想什么，急什么，要什么，才能有针对性地解决群众的问题，才能顺利开展工作。于是同管片主任和社区工作人员利用平时、公休及晚上时间，亲自入户走访调查，广泛争取居民意见，了解群众的需求和解决存在的问题，并重新打印选票，逐户发放，给居民充分的思考时间，尽量避免代写选票，然后再亲自收回选票。我们预计，在顺利的情况下，每户跑两趟就能完成，可有些居民家中无人，管片主任和社区工作人员要跑数趟才能收回选票，还有的居民抱着质疑的态度，不愿配合，但居民委员会工作人员不厌其烦地登门拜访，居民看到居民委员会工作人员每天在小区内穿梭，跑上跑下的，受到感动，终于认真选出自己信任的代表，作为业主委员会成员。

三、小区进展变化情况

居民委员会经过历时一个多月的努力工作，本着公开、公平、公正的原则，最终组织居民选出信得过的5名小区业主管委会成员，居民委员会将选举结果公示。公示后，召集会议，由5名热心居民代表组成业主管委会，业主管委会将在居民委员会的监督下自我管理，开展工作。为完善居民自治体系，夯实为居民服务的基础性工作，社区特制定如下制度：

（一）小区居民自治体系形成两级网络，即社区居民委员会、业主管委会，按照各自职责开展工作。

（二）居民委员会监督小区平房租金用于每次小区的清扫卫生、环境保护、公共设施维护、人员工资费用支出等。

（三）小区内各项事务由业主管委会商议解决，居民自治。

（四）小区内平房租金暂时存放在居民委员会，使用权由业主管委会成员共同协商后行使，由居民委员会监督。

一分耕耘，会有一分收获。居民委员会所作出的巨大努力得到了社区居民的肯定。最终使小区各项管理和服务逐步迈上正轨。最终实现居民的自我管理、自我教育、自我服务和自我监督。

（作者单位：和平区小白楼街道泰安道社区）

“五位一体”齐发力　美丽社区在眼前

孙长亭

小白楼街道开封道社区居民委员会所辖区开封里小区由 6 栋高层住宅楼组成，常住居民 484 户、1400 多人，是我社区的重点小区。2011 年，作为全市首批精品小区的创建单位，区政府投入大量资金对开封里小区进行了全面的提升改造，环境面貌焕然一新，服务功能显著提升。如何巩固成果，实行常态化、长效管理，是摆在我们面前的新课题。在区民政局、房管局的指导帮助下，按照“居民选、社区签、街道管”捆绑式的运行模式，我们引进了景厦物业公司，对开封里小区实行准物业管理。经过三年来的实践，群众的满意度和准物业收费率双双达到了 90% 以上。

一、社区党委、居民委员会主导，凝聚共建共享合力

实践证明，小区业主和物业公司，是甲方和乙方的关系，客观上是一对矛盾体。由于他们看问题的角度不同，遇到问题提出诉求和判断标准会产生较大差距，最终结果往往是不欢而散，互炒鱿鱼。因此，要做好老旧小区准物业管理工作，社区党委、居民委员会就要发挥第三方作用，一手托两家，搭建平台，牵头协调，搞好引导，而不是等到干不下去了才出面收场。基于这种想法，社区在准物业公司进驻之初，主动靠前参与，建立了社区党委组织领导、居民委员会牵头协调、管委会议事协商、准物业公司管理服务、社区警务室治安保障“五位一体”的联席会制度，在社区凝聚起齐抓共管、共建共享的合力。

二、建立小区管委会，发挥议事协商作用

在居民业主中形成“花钱买服务”的思想共识的基础上，我们筹组建立了开封里小区准物业管理委员会。首先，在小区 6 个楼门栋推荐提名，把在群众中有威信、说话有影响力、关心小区公共事务、热心为居民服务的社区党员和志愿者骨干作为候选人，公示征求全体居民意见，产生了由 19 名居民代表组成的管委会。小区准物业管委会的建立，搭建了准物业公司与居民业主沟通交流的平台，成为依靠居民群众开展准物业管理服务的骨干力量。他们发挥贯彻“居民公约”的宣传员、维护一方平安的安全员、传播文明新风的督导员和协助准物业管理的服务员的作用，使小区实施的长效管理工作更加符合社情民意，更加切合实际需求，推行起来也更加顺畅。

三、依靠居民群众智慧，破解汽车停放难题

居民小区汽车停放问题是一个普遍性的难题，也是实行准物业管理的重点。社区本着“群众的事，要依靠群众来办，要同群众商量着办，要让群众参与去办”的理念，多次召开意见征询会、方案论证会，小区汽车停放怎么办，居民业主说了算，几上几下、反复研究，讨论制定了“居民停车公约”，采取居民停车不收费、发放停车证，阻止外来车辆进入的管理办法，公示征求全体居民业主的意见后实行。社区还针对各种不同情况，确定了申请办证流程，每份申报材料都要由全体委员会议审定，做到公开、透明、公正，保证了办证质量。管委会成员上岗执勤，严格执行公约制度，保证了小区居民汽车的有序停放。

四、增加群众满意度，提高准物业收费率

居民业主对准物业管理服务的满意程度，可以从准物业公司的收费率上反映出来。工作中，社区居民委员会把准物业收费作为分内事，与准物业公司拧成一股绳，以群众满意度为重点，在收费中发现问题，及时整

改，不断提高准物业服务质量，保证收费率的增长。社区主要从三个方面入手：一是坚持考评机制。每周由物业社工带队检查，并予以公示；每月召开管委会、准物业公司成员参加的小结会；每季度召开“五位一体”的考评会，形成常抓不懈的机制。二是突出整改成效。在收费前，召开意见征询会，把握重点问题。对于群众提出的合理要求，做到件件有回复、事事有行动，能做到的事情一定做到位，让居民业主感到自己说话管用。三是形成工作合力。把准物业收费纳入社区工作的重要内容，管片主任牵头管门栋，楼长和管委会成员负责管楼层，同准物业公司一起形成工作合力，用我们的诚心、热心、耐心，得到居民业主的理解和支持，用优质的服务赢得广大群众的满意。经过多方努力，开封里小区准物业收费率连续几年达到90%以上，保持了较高水平。旧楼长效管理也取得了明显的成效，环境宜居，当选为天津市首批美丽社区。

社区充分利用民主协商的平台，发挥积极引领作用，把社区、物业和小区居民紧密联系起来，充分调动居民群众的主人翁精神，形成“社区是我家，维护靠大家”的思想共识，群策群力，把小区这个大家园建设得更加和谐美好。

开封里小区实行准物业长效管理工作刚刚起步，还有很多事情要做。我们要认真学习贯彻市、区政府的各项要求，结合社区实际，深入推进准物业管理“捆绑式”的运行模式，为居民群众营造管理有序、干净整洁、文明祥和的宜居环境，作出不懈的努力。

（作者单位：和平区小白楼街道开封道社区）

推行民主自治　实现自我管理

刘大伟

小白楼街道大同道社区位于建设路与营口道交会处，总面积0.48平方千米。现有常住居民2792人，辖区单位109家。社区拥有党员260人，注册志愿者600余人，同时设立居民小组68个，社区是以住宅为主体，金融企业、机关企事业单位相结合的综合性社区。

为完善社区管理，真正将社区发展成为民服务的平台和载体。多年来，大同道社区坚持民主自治的管理模式，带领和引导社区居民充分发挥自我管理、自我教育、自我服务、自我监督的民主自治作用，提升了社区民主管理、民主决策、民主监督水平，为创建居民自治、管理有序、服务完善、治安良好、文明和谐的美丽社区打下坚实基础。

一、完善社区组织建设，建立民主管理机制

2015年，大同道社区根据和平区政府和小白楼街道办事处关于社区居民委员会换届选举工作安排意见，严格执行“选聘结合、三会一站”的管理机制，民主选举产生社区居民委员会领导班子及社区委员，聘用政治思想端正、工作能力过硬的社会工作者组成社区服务站。以“社区成员代表大会决策，社区议事协商会议事，社区居民委员会管理服务”的形式，开展社区居民民主自治工作。班子成员以社区政务、事务及财务公开为切入点，定期组织召开居民代表大会、议事协商会、党建共建联席会等会议，汇报讨论并征求意见和建议，实行民主公开，巩固社区民主自治的长效管理机制。

二、倾听汇集民声民意，实现民主监督管理

为真正将民主自治落在实处，大同道社区积极采取听证会、议事会、恳谈会等多种形式，倾听民声，汇集民意，连续几年组织居民代表召开民心工程意见征求会，结合社区实际，就居民关心的就业、养老、社区服务、辖区环境及社区建设等民生问题进行讨论。2013 年民心工程征求意见中，台儿庄路及大同道居民代表普遍反映居住房屋年久失修，配套设施损坏严重，尤其是室内下水管道堵冒给居民生活带来了不便。社区居民委员会对此高度重视，整理意见，汇总上报，并于 2016 年旧楼改造工程中，彻底解决了困扰居民多年的下水管道堵冒问题。改造后，同步实现物业管理，由居民推荐选举旧楼区管理委员会成员，真正实现了自我服务、自我监督的民主自治管理模式。

2012 年，辖区内中国人民银行在施工中因工程噪声问题与附近居民发生矛盾，居民多次自发组织到工地阻挠施工。社区居民委员会组织居民代表召开议事会，听取居民的意见，共同讨论解决方案。社区经多次走访协商，做双方工作，最终达成补偿意见。居民通过民主自治管理维护了自身合法权益，使社区自治工作得到深入发展。

2016 年，社区配合有关部门对建设路 1 号院进行拆迁动员，院内存车处将随之拆除，附近多数居民面临存车难的问题。为应对这一问题，社区召开居民代表大会，征询对存车棚的重建方案，入户走访，对居民推荐重建地点进行实地考察，收集意见，真正将民主自治落在实处。

三、拓展社区便民服务，完善社区服务建设

为使居民群众参与社区事务的决策权、参与权、监督权得到保障，大同道社区充分发挥党员、楼院长、志愿者的积极性，参与社区建设，制订社区规划。2014 年年初，社区结合党的群众路线教育实践活动，广泛听取意见，纠正“四风”，将群众的意见落实在实处。

随着老龄化进程的不断加快，老年人居家养老已成为主要趋势。大同道社区积极走访老年家庭，利用老年协会深入了解老人所想所需，针对普遍反映的老年人服务难等问题，社区充分发挥“共享大同”的品牌优势，

携手泰康家庭服务公司，建立“缘伴”为老年人服务基地，将老年服务引进社区。将每月11日定为志愿服务日，为社区老人免费理发、修脚、测量血压、血糖，加强服务意识。

四、规范民主管理，促进民主监督

为保障社区居民参与社区事务的决策权、参与权、监督权，社区利用每月的楼院长例会、党员活动日组织居民学习有关政策方针，集中居民代表意见，接受居民监督。社区在财务管理上，严格按照街道财务管理规定执行，实现居务公开，民主理财。社区一般财务支出都必须有正式凭证并由经手人签字，社区主任签字批准后交由财务人员审计入账。社区印章由社区主任专人管理，并建有印鉴使用登记制度，做到使用规范。社区建立公示栏，对收缴的党费、清洁费、捐款都进行公示，做到账目清楚。对居民自治收取的楼道公用灯电费使用情况都在小区公示，方便群众监督。通过民主监督，促进了社区基层组织的廉政建设。

五、推行民主自治成效及下一步做法

社区推动民主自治管理以来，经历届社区党委和社区居民委员会班子的接续工作，完善了社区组织建设和领导机制，强化了社区工作人员的责任意识，同时解决了多项社区重点、难点问题。提高了社区居民自我协商、自我管理的民主意识，建立了民主协商机制，强化了社区居民的自治、协调意识，营造了良好的共建氛围。

下一步社区首先将依据社区“一居一特色”的品牌优势，发挥社区“共享大同”的品牌特点，联合驻辖区单位、武警部队深入开展民主自治管理。其次，完善民主自治管理机制，将民主协商会议纳入社区楼门院长会议内容，形成常态、动态管理，实现随时发现问题，上报问题，协商问题，解决问题的“一站式”管理模式，使社区民主自治管理模式深入社区居民心中，努力建设民主自治、自我管理的新型社区。

（作者单位：和平区小白楼街道大同道社区）

发挥民主协商作用　解决遮光补偿难题

陈　敏

和平区小白楼街道承德道社区，辖区面积0.18平方千米，户籍居民2248户、5527人。这个社区曾是法租界，被列为天津市历史风貌区加以保护。居民住房多为百年老房，现居住大部分是老年人。社区成立协商民主议事会以来，社区党委把涉及居民利益的事情通过协商民主议事会进行解决，营造“民事、民议、民决”的良好氛围。天河城项目对部分居民遮光补偿问题的解决过程就是社区议事协商、事务公开、惠民解困的具体体现。

一、居民利益无小事，解难帮困化矛盾

天津天河城购物中心项目是广东省企业在天津市区最大的投资项目，位于和平区和平路步行街东端，东至赤峰道，西至哈尔滨道，南至和平路，北至大沽北路，总占地面积约3.5万平方米，总建设面积约20万平方米，地下5层，地上8层。项目建成后将是天津市核心商圈乃至全市最具规模的购物中心。但项目建设也给周边居民楼的采光造成一定影响，随着工程的进展，对居民的影响变得越来越大。有的居民向社区提出屋里漆黑一片，无法正常居住，影响了正常生活。社区党委高度重视此事，详细向居民了解情况，对有遮阳问题的房屋进行了详细普查，画出草图，并及时上报街道办事处。

其间有极个别居民以住房被遮光为由，想让工程停工，干扰了建设进度。作为市重点工程、民心工程，强调个人利益的同时也不应损害全局，要保持全局观念。社区党委意识到问题的严重性，积极联络各方尽早解决此事。

二、事由民议，权为民用，依照民意决策

承德道社区先后多次就遮光补偿问题召开居民对话会，邀请社区老年人协会会长、楼门院长、社区志愿者、受影响的部分居民，以及项目负责人、街道领导参加。议题是确定遮光补偿地点、共同研究补偿标准、补偿程序。

2015 年 7 月 2 日的第一次居民对话会上项目负责人首先就施工遮光问题，以诚恳的态度向居民道歉，并提出对受遮光影响的房屋给予经济补偿。居民们普遍认为应按照相关城市或周边遮光补偿标准为依据，根据影响大小、远近、朝向等补偿标准应当有所不同，可是各自的具体情况不同，以附近的恒隆广场作为参考比较，恒隆广场与居民楼的距离较远，天河城与居民楼距离较近，而且是正阳面，这样以恒隆广场作为补偿标准明显偏低。加上和平区的地价较高，而且一直呈上涨趋势，所以应该多给一些补偿。一些身体不好的居民，也希望额外增加一些补偿。根据这些意见，于 7 月 9 日社区再一次召开了居民对话会。出席人就遮光补偿标准进行了又一次讨论。居民在对话会上各抒己见，与开发商、政府面对面进行讨论交流，最终和项目负责人达成了一致意见，确定了补偿单价。在此之后又相继召开了第三、第四次居民对话会，对近一时期完成情况以及出现的问题进行了通报，对有争议的问题进行讨论。通过居民对话会保障了居民民主权利，扩大居民的知情权、参与权、建议权和监督权，切实维护社区居民的合法权益。

三、发挥楼院长作用，加强社区居民自治

楼门院长积极配合社区工作人员入户走访，联系居民，劝导居民，反馈居民意见，在此次事件中起到了重要的作用。如一户居民签订完补偿协议，但却不办理领款手续。楼院长获知此事后，三番五次到他家做工作讲道理，最终他主动到社区办理了领款手续。有一位居民失联，通过联系派出所也没能联系上。楼院长根据了解的情况，通过朋友找朋友的办法最终找到，并协助办理了手续。这样的例子有很多。

楼门院长成作为社区居民委员会的助手，协助做好许多管理和服务工作。他们反馈居民的信息、宣传国家法律法规和党的政策，收集社情民意，为居民群众解难，成为社区居民民生、民意的代言者和服务者，楼门院长在社区居民自治中始终发挥着积极作用。

以前对居民反映的一些问题，居民委员会解决起来有难度。社区党委通过协商民主议事机制，畅通了民意诉求渠道，把矛盾化解在基层，经常开展“为居民排忧解难”居民对话会活动，居民的事自己提、自己议、自己做主、自己办，发挥了居民的力量，很多困难迎刃而解。社区居民、楼门院长积极提出问题和建议，社区领导认真听取并现场一一解答。不能当场答复的，会后落实专人协调解决，使居民对居民委员会更加信任。

听心声，用老百姓听得懂的话来交流、用百姓身边发生的事积极引导居民；调心态，用平和之心、关切之心，用政策和法规为群众释疑解惑；解心结，通过做好事、办实事、解难事暖群众心窝。

社区居民对话形式一定要是多种渠道、多种形式的沟通，社区服务居民的新举措要让居民了解，社区工作人员要及时掌握居民所思所想，了解他们还有哪些困难需要解决。切实为群众排忧解难，用实际行动增强社区党组织的凝聚力，提升了居民对社区的归属感和满意度。

（作者单位：和平区小白楼街道承德道社区）

驻区单位同担当　环境治理得改善

甘久虹

建设和谐社会的基础在社区，影响和谐社区建设的因素来自方方面面，其中物业小区的管理问题就是当前社会的热点、焦点问题，小区业主满意物业的管理，是社区和谐发展的重要标志。怎样协调好驻区单位及辖区物业的关系，更好地服务辖区居民，是社区努力的方向。永丰里社区的正和公寓属高层物业管理小区，社区通过不懈的努力，把物业管理不到位、没有业主委员会、外环境差的小区规范得井井有条、舒适宜居，具体做法如下：

一、背景介绍

新兴街道永丰里社区正和公寓属高层物业管理小区，该小区共有96户居民。小区临街的维也纳酒店、日本料理、上岛咖啡等房屋的产权属和平区房管局，几个商户所产生的餐厨垃圾油污满地，影响了小区居民的正常生活秩序，致使小区居民怨声载道，尤其是夏天蚊蝇滋生、臭气熏天。小区内停车不规范，外面商户的车也经常停到小区来，导致小区业主的车没有地方停放，小区门卫对工作也是敷衍了事。冬天的西北风把废纸杂物都刮到小区里面来，小区环境常年脏乱差。

二、协调过程及主要做法

正和公寓小区的物业一直以来由南营门街道鼎夏物业管理，鼎夏物业于2014年下半年撤出后，由吉泰物业管理有限公司（以下简称吉泰物业）接管，2014年10月吉泰物业贴出公示通知：因之前业主委员会没有成立，所以一些物业服务管理事务不能及时解决，物业准备撤出。为此居民委员会介入协调。在社区居民委员会指导监督下，正和公寓小区于2014年12月12日成立了业主委员会。

业主委员会成立以后，为了更好地方便物业管理，服务小区居民，社区居民委员会积极与区房管局联系，旨在提升改造该小区内外环境，给小区居民营造一个和谐舒适的居住环境。社区通过共驻共建平台与临街企业产权所有单位区房管局沟通，经房管局同意，在区房管局局长的亲自参与协调下，正和公寓小区提升改造工程正式拉开了序幕。

2015年3月9日，在永丰里社区居民委员会召开会议，居民委员会、物业和业主委员会针对正和公寓存在的问题召开三方第一次会议，主要讨论了关于业主委员会和吉泰物业签订有关正和公寓物业合同的事项问题。最终和吉泰物业签订了服务合同。

随后，社区又召开了讨论小区提升改造问题会议。参会的人员包括临街企业产权所有单位区房管局局长及相关人员、物业办主任及社区负责人、业委会成员、物业负责人。业主委员会主要提出了污水问题、停车问题、垃圾问题、安全问题等近十项需要提升改造的项目。最后区房管局局长对会议内容作了总结，并对业主委员会提出的问题做了记录。

2015年3月12日，区房管局局长、居民委员会负责人、业主委员会主任在正和公寓现场确定了业主提出的九项整改项目，包括小区外大门翻新、垒转墙、安装电子抬杆；门卫室重新翻盖、拆除风琴门、砌起围墙、防止外围杂物刮进小区；消防通道恢复；重新安装楼道门，调试电子设备，重新安装报箱；用“地牛”重新清理下水管道，对破损的污水管道进行更新，为维也纳酒店、日本料理、上岛咖啡等单位新建隔油池三个；地面重新铺装；绿化2个花池子；安装地龙，将自行车集中存放在中央花园中间；安装7个摄像头，建立社区监控网络。房管局当天就委派相关部门做预算，安排施工。以上9项工作于2015年4月开始动工，经过道路、排水、绿化、消防等部门的通力合作，工程持续6个月，所有设施都改造完毕。

正和公寓二次供水新泵站已建成三年，由于部分业主不同意，一直未更换业主的室内管网。

2015年8月，居民委员会牵头召集业委会及物业召开会议，由业主委员会提出水管老化及水质、水压问题，居民委员会找到了自来水公司，就自来水上水管更换问题多次开会。最终，于2015年8月22日晚在正和公寓院内召开了全体业主大会，动员业主在自来水网管入户改造中配合施工，更换水管不仅仅是解决水管腐蚀老化的问题，更主要是解决居民饮用水的水质问题。会议后，业委会成员先动员自己楼门的业主，并表示自己楼门可以成为自来水更换的示范点。通过一周时间走访，最后1门、4门先行施工。由于自来水改造的前提条件必须是每户都要同意，但4门有两户不同意，施工暂时实施不了。1门很多居民已经不在这里住了，社区工作人员又先后找了新兴路派出所及房管局，最后联系上空房人员，并做个别业主的工作。历经近四个月的时间做前期工作，于年底完成了1门、4门更换自来水内管网的施工。2016年4月2门、3门的自来水内管网的更换工作也已启动。

惠民工作说起来容易，做起来还是很艰辛的。正和公寓小区内的维也纳酒店、上岛咖啡、日本料理、歌厅等商户产生的垃圾比较多，由于垃圾桶数量不足导致垃圾外溢。社区居民委员会负责人及物业社会工作者多次走访这几家商户，可是商户之间相互推诿，都表示不是自己的问题，是其他商户造成的。垃圾越来越多，外溢问题日益严重，居民委员会于2015年9月2日在永丰里社区会议室召开了就垃圾桶数量分配的协调会，在会议上，社区负责人主要向与会人员通报了正和公寓现状及与商户息息相关的垃圾外溢问题，并让各个商户统计垃圾桶使用量及破损情况，应由签订协议的垃圾清运方负责更换及维修。协调会上，社区主任表示，后期换了垃圾桶要给各个商户编号，自己用自己的垃圾桶，分清责任，便于管理，并强调院内的干湿分离的垃圾房要使用起来，避免汤水垃圾外溢到路面上，影响小区环境，给居民出行带来不便。至此，小区业主和商户也不会因为垃圾外溢问题产生矛盾了。

三、成效及反思

社区通过协调驻区单位及辖区物业，整合社会资源服务物业小区业主，为业主们创造了舒适、安全、方便的居住环境，取得了如下成效：一是增强了业主参与社区管理的积极性和主动性，二是创造了宜居美丽的居住环境，三是激发了社区工作者勇于担当的责任，四是形成了稳定和谐的社会局面。

时代在变革，环境在提升，我们为民服务的宗旨没有变。天下大事必作于细。“利民之事、丝发必兴，厉民之事、毫末必去。”我们正是按照习总书记的谆谆教诲，时刻牢记居民利益无小事。社区是否和谐，一个重要的体现就是生活在其中的居民是否感到幸福。由此，社区建设必须要想居民之所想，办居民之所需，做居民之所盼，踏踏实实把小事办实、把实事办好。这样，才能为居民撑起一片充满祥和与温馨的天地，增强居民对社区的认同感和归属感。

（作者单位：和平区新兴街道永丰里社区）

民主协商促和谐　绿荫泊车展风采

杨丽华

朝阳里社区位于和平区西南部，占地近0.16平方千米，有楼门164个，常住居民2300多户，6000余人，辖区单位170余个。作为全国社区志愿者组织发祥地，近年来，社区党委不断巩固和发展志愿服务优势，把改善民计民生作为社区建设的落脚点，通过民主协商，组织发动广大党员骨干凝聚民心，形成优势互补、资源共享、共建共议的强大合力服务居民群众，构建了美丽和谐社区。社区曾荣获全国最美志愿者组织、全国家庭教育试验研究基地、市和谐社区、市级志愿服务活动示范单位、市级先进社区党组织等多项殊荣称号。

一、民心工程解难题

朝阳里社区居民委员会坐落于新河里小区内，新河里小区始建于20世纪80年代，共有33个楼门，446户居民。小区经过连续几年的改造，各项公共设施及居住环境都得到了明显的改善，政府的民心工程效果显著，受到广大居民的欢迎和认可。但是随着生活水平不断提高，有私人汽车的家庭越来越多，汽车在小区内乱停乱放、无处停车、因车位私自安装地锁而发生矛盾的现象层出不穷，楼栋门口和甬路经常发生堵塞，紧急状况下，救护车和消防车都无法进入小区，延误了救护和抢险；另外小区周边单位的外来机动车也占据了本小区车辆的位置，存在诸多安全隐患。小区的环境及公共秩序出现的问题，不仅使旧楼改造的成果受到损害，而且给居民生活带来诸多不便。建设美丽社区，加强小区的常态化管理是全体居民的共同愿望，也是社区全心全意为民服务的工作目标和首要任务。“同在一方热土，共建美好家园”，政府为解决居民小区停车难、出行难问题，实施了“绿荫泊车”工程。使“民心工程”的效果更加持久、居民的居住环境更加安全、和谐，全体居民享受到了更多的便利和实惠。

二、协商民主促和谐

社区通过政府“绿荫泊车”工程，退绿增加车位，设置门禁，规范了停车管理。

（一）建立组织领导机制

社区就“绿荫泊车”工程成立工作小组，社区居民委员会主任担任组长，社区网格员和市容、园林、综合执法队、物业等驻区单位负责人为成员。召开共建会议共同研究拟订“退绿增车位的施工方案”和“改造效果图”，定期召开会议，及时通报工程进展，共同决策施工项目，共同承担共建任务。

（二）民主协商广征民意

社区时刻把居民的所思、所盼、所想放在首位，充分发掘和调动居民的聪明才智和力量，积极解决居民面临的难点、热点问题。社区工作人员一方面通过发放“致新河里小区全体居民的一封信”和“关于规范新河里小区停车秩序问题”的问卷，进行入户走访和问卷调查，希望全体居民积极参与、献计献策，规范停车管理，问卷针对“小区常态化管理的建议和意见”“对小区实施准物业管理（社会化管理模式）有何建议”“对治理小区机动车停放有何建议”以及“每户居民家中拥有的机动车详细情况”进行调查登记，共计征求居民意见建议52条；另一方面，在街道工委和办事处的大力支持下，积极与区园林局协商，召开楼长和居民听证会、议事协商会11次，驻社区党代表、人大代表和政协委员积极深入社区联系居民，采取对话、共建、联动、开放等四种形式，针对园林局拟订的效果图和施工方案广泛征求居民意见和建议，得到90%以上居民的同意。

（三）群策群力解决难题

针对在入户走访调查和居民听证会、议事协商会等会议中征求到的意见和建议，社区工作小组召开会议集思广益积极协商解决方案，并通过召开各类民主协商会议和有针对性地入户等方式将解决方案及时进行公布反馈。1. “地锁拆除后的问题”。部分安装地锁的住户担心地锁拆除后，没有固定的车位保证。针对此问题工作人员动之以情、晓之以理，耐心细致地做通了居民的思想工作：（1）将退绿后的停车面积与预估车位和小区现有的机动车调查数量进行配比，保证小区居民的车辆都有车位，并将此调查结果在议事协商会上和入户时予以公示；（2）在小区出入口设置门禁，为居民车主制作办理出入卡实行出入管理，从而限制了外来车辆的进入。2. “绿地面积缩减问题”。部分居民了解到居民住宅小区的绿地面积建设有规定的比例，担心退绿后，绿化面积减少，影响小区环境和空气质量。针对此问题，园林局将改造后的效果图中的绿化面积向居民进行公示，保证楼间距中建设有规范美观的隔离花池，保证小区的绿地面积比例符合要求规定。3. 部分一楼住户担心车辆停放距窗户较近，且把车尾朝向窗户，影响一楼居民生活私密性和空气质量。针对此问题，一方面园林局在楼间距中设有规范美观的花池作为隔离带，另一方面社区设计制作了多款关于规范停车、文明和谐停车的温馨提示牌悬挂在小区内 33 个楼门的一楼住户窗前。这三个问题在社区和各相关单位部门协同努力和居民的理解支持下通过民主协商圆满解决，启动“绿荫泊车工程”得到了新河里小区居民的认同和支持。

三、绿荫泊车显成效

社区与新兴街道城管科、综合执法队、新兴派出所、佳立洁物业、园林局绿化队联手拆除了地锁，根据居民的建议、意见最终确定“改造效果图”和“退绿增车位的施工方案”，安装了门禁，对小区车辆进行严格管理，通过制作发放停车证、出入卡等措施，启动了对小区机动车的全面治理，解决了停车难、乱停车的问题。自 2014 年 6 月 20 日到 8 月 25 日，经过近两个多月的调查、施工，规范了小区绿地和树木，重新铺设了通道，设置了减速带，最终使新河里小区的车位增加了，环境舒适了，防火通道打通了，安全隐患消除了，小区门禁的启动更使社区整体环境得到了彻底的改变，社区制定了“新河里小区机动车停放管理规定”，设置专人进行车证、出入卡登记和门禁管理，杜绝外来车辆进入，建立了小区机动车长效管理机制。

社区采取共商共议、共驻共建实施的“绿荫泊车工程”，是社区在治理与服务实践中，运用社区协商民主方法引导居民及辖区单位自觉参加到社区建设中来，切实做到社区事务共商共议、共驻共建。下一步，我们将继续推进社区协商民主的制度化、规范化、程序化，深化居民代表大会、议事协商会等协商民主方法，为社区广大居民群众和社区单位创造一个平安、和谐、美丽的外部环境，让社区居民群众安居在社区、满意在社区。

（作者单位：和平区新兴街道朝阳里社区）

民主协商助小区业主维权

张　妍

一、案例背景

犀地社区总面积269400平方米，居民1580余户，人口3950余人，小区实行物业管理，有11栋高层住宅，40部电梯。

首届业主委员会于2010年5月22日成立，根据《业主大会和业主委员会指导规则》，业主委员会委员实行任期制，每届任期不超过5年。由于小区户数较多、换届难度较大，截至2015年7月，新一届业委会并未能如期选举产生。这也导致社区无法动用房屋维修资金对有严重损坏、安全隐患的设施、设备进行维修维护。小区业主为此多次到居民委员会、物业公司反映后，居民委员会在街道办事处的指导和监督下，代行业主委员会职责，在2015年8月开始了为期3个月的业委会换届选举工作。

二、实施过程

2015年8月4日居民委员会组织小区业主代表、社区民警、居民代表、物业负责人召开犀地物业管理联席会，集体协商、研究讨论成立犀地小区业委会换届领导小组，并讨论通过：

（一）犀地小区换届选举工作由社区居民委员会代行业主委员会职责，负责小区业主委员会换届选举工作；

（二）确定业主联名推荐的13名业主为业主委员会委员候选人后，社区将候选人情况公示于各个楼门内。

公示期后，社区将业主的意见汇总，召开议事协商会研究解决方案，根据部分楼门业主的反映，志愿者协会会长王阿姨建议，将没有业委会候选人的楼门增加一名候选人。2015 年 8 月 15 日，居民委员会组织召开第二次物业管理联席会，讨论进行再次协商、表决通过新增加的业委会委员候选人等事宜。但在会议过程中，原业主委员会成员带着部分业主代表来到会场，他们对换届选举提出质疑，要求重新进行候选人的推荐工作。虽然工作人员对他们进行了耐心的解释但他们仍不理解。会后，社区及时向上级汇报请示，并向区物业办咨询换届选举的相关问题。

2015 年 8 月 19 日，是社区党员理论学习小组的学习日，社区将此次学习主题定为“党员建言献策，直面换届选举难题”。会上老党员夏大爷表示，换届选举是政府替百姓办事的体现，有些业主不理解，建议社区工作人员耐心解释，也可以找个别人员谈心。他还说，任何事情都有多面性，我们应站在更高的角度看问题，多面分析考虑。党员们对夏大爷的说法表示赞同。

2015 年 10 月 8 ~ 14 日为业委会 15 名候选人公示期，公示期间由于个人原因，有两位候选人退出业主委员会委员的竞选。10 月 15 ~ 29 日为入户投票时间。投票第一天有许多业主不在家，投票率与原计划相差甚远。为了保障小区居民正当权益，能使投票工作顺利完成，社区开启了“五加二、白加黑”的工作模式，分片分组，社区工作人员和居民代表，分别到每户居民家中进行投票。投票中顶住了原业主委员会的压力，克服了 1/4 业主因租房、旅游、外出学习联系不到等等困难，圆满完成了投票工作。2015 年 10 月 30 日，11 名委员高票当选，业主委员会换届选举工作圆满完成。

三、成效与体会

业委会换届成功后，社区党员代表、居民代表纷纷来到社区对工作人员表示慰问，说：“这半个月来你们辛苦了，谢谢你们主持选举出新一届业委会，为我们搭建起纽带和桥梁。”居民的认可是对社区工作人员最大的鼓励。

业主委员会换届选举，是社区工作中一项非常困难的工作，因为它涉及每位业主的切身利益，能否及时为小区业主维权、与物业公司进行业主服务诉求的沟通都与业委会息息相关，所以社区要做好工作就要：1. 多与业主和物业公司进行沟通，全面地看问题；2. 学会换位思考，站在业主的角度思考问题；3. 遇到困难迎难而上，召开会议，依靠并听取社区党员、志愿者、楼门长、居民代表等多方意见，进行民主协商后，再决定解决办法。

（作者单位：和平区新兴街道犀地社区）

坦诚协商　还小区安宁

李　英

卫华里社区东邻河西区，西邻和平区，与南开大学、医科大学相邻，和平艺术中学也坐落在小区内，面积7.62万平方米，是产业工人集中的社区。社区有住宅楼24栋，101个楼门，常住人口3876人、1533户，流动人口457人，外国籍74人。社区环境整洁优美、文化氛围浓郁，坚持以构建和谐社区为主线，致力于全力打造“文化惠民型”优质社区。

天津市和平艺术中学位于河沿道上，紧邻卫华里17门至22门，这几个楼门老年人较多。校舍整修后，新安装的校铃音频较高，声音大，且没有预兆，使附近居民受到噪声困扰，严重影响到了老年居民正常的生活与休息。居住在卫华里17门101室的居民卢某的母亲患失眠和心脏病多年，依靠药物维持，需要家人长期照顾，每次听到校铃的声响，心情都烦躁不安。卢某与其他受到噪声困扰的居民一起到学校反映，但学校没有马上作出调整的承诺，使这些居民很反感，当即找到居民委员会要求处理此事。

接到求助后，社区居民委员会首先安抚居民的情绪，通过大家每个人的口述，在初步了解情况后并没有急于找到学校，而是先安排该网格主任到卢家安抚病人，同时对其反映的情况进行核实，通过了解和亲身感受，证实存在扰民问题后与和平艺术中学取得联系，详细告知了铃音扰民的情况，希望对方进行调整，学校方表示同意，也希望给予时间进行调整。居民对此表示认可，也感谢居民委员会工作人员的及时作为。

一周后，居民委员会管片主任再次向居民了解校铃的调整情况，居民表示学校虽然作了部分调整，但效果不明显，响声并没有大幅度降低。得知这一情况，居民委员会就此事进行了讨论，决定由社区主任带领社区工作人员、当事人、该楼门楼长一起到学校协商解决。他们向校领导讲述了阶段性高频响铃对居家老人的影响，又一起到居民家中亲自感受，由居民现场指出造成扰民的音响的放置地点。学校领导经实地考察后承诺尽快改进，决定接受社区的建议，第一，将适当降低声音分贝；第二，校铃只在必要时段使用；第三，在节假日关闭。居民代表对校方的答复感到非常满意，表示也会在家中采取适当的隔音措施，减少对老人的干扰。双方在协调成功的同时都表示要维护好学校周围的环境，共建和谐社区。在2016年清明节之时，天津和平艺术中学兑现了承诺，并组织同学走进社区，与社区居民们一同开展以“缅怀革命先烈、继承革命传统”为主题的文明祭扫活动，使双方关系更加和谐。

这件事的圆满解决，使居民、社区单位在了解社区工作的烦琐复杂的同时，也增加了对社区工作认可。习总书记说：“协商民主是中国社会主义民主政治中独特的、独有的、独到的民主形式，具有深厚的文化基础、理论基础、实践基础、制度基础。”一个和谐的社区，首先必须是各种社会关系、社区群体和谐共处的社区，必须是社区内部各种矛盾得到圆满化解，至少是得以成功缓和的社区。一旦社区居民的生活需要无法在社区内得到满足，实际问题与矛盾未能得到有效解决，他们将对社区失去信心与信任感，社区归属感将减弱，进而失去社区建设热情。而由于每个社区实际构成的差异，社区的居民需求与各群体间的矛盾各不相同，这需要最基层、最接近群众的社区工作者学习掌握“三会四形五重点、六支队伍为骨干”的工作方法，通过协商民主工作模式，整合社区资源，促进居民间的相互熟悉、相互沟通，了解居民最基本的需求，最终达到让群众满意的社区工作的宗旨。

（作者单位：和平区新兴街道卫华里社区）

居民建言献策　小区焕然一新

刘志慧

南市街道福厚西里社区地处南市街中心地带，东至荣业大街，南至多伦道，西至南门外大街，北至保安街，面积5万平方米，包括福厚西里、永铭里两个旧楼房小区、金伦公寓和新景居两个物业小区和平房区，有楼房7栋23个楼门，平房区一个，现有居民1177户、3063人，其中常住户857户、2122人。

一、旧楼区设施老化，居民生活不舒心

福厚西里和永铭里都是20世纪八九十年代的老房子，设施陈旧，小区内没有休憩场所，居民夏天没有地方乘凉。路面多处坑洼，老年人和孩子容易被绊倒，到了雨季还会存水，影响居民出行。此外，小区内信报箱破损严重，订阅的报纸杂志经常丢失。户内自来水管严重锈蚀，居民用水不通畅，下水管道经常堵塞，这些都影响了居民的正常生活和生活质量。

二、贴近民需，沟通协商

2013年，福厚西里社区借老旧小区提升改造之际，针对社区实际情况，组织召开社区成员代表大会、楼院长会议等，认真研究小区提升改造项目，多次与施工单位协调沟通，制订并部署具体可行计划，狠抓落实、严抓质量，使福厚西里小区顺利完成提升改造工程，改善了居民的居住环境，提高了居民的生活质量，提高了居民的幸福指数。

在小区提升改造前期，社区居民委员会按照网格责任区入户宣传老旧小区提升改造工程项目，做到一户不漏。随后召开楼院长会议，就小区改

造提升工程相关事宜进行动员，阐明老旧小区改造提升的重要性，告知小区提升改造的具体时间和施工项目，请各楼院长在楼门内充分征集居民意见，让居民把握住这次免费更换室内和户外基本生活设施的机会。

在小区提升改造过程中，为充分尊重居民的意愿，着力解决居民群众反映的突出问题，社区做了大量的入户走访和调研工作。多从居民实际利益角度思考问题，努力做到让居民满意，社区通过召开社区议事协商会，广泛征求楼院长、居民骨干和居民代表意见，依据小区实际情况，重点了解居民对老旧小区改造工作的期盼度与配合度，详细登记，重点询问，鼓励居民提出问题，发表意见。社区居民委员会工作人员不怕麻烦，积极寻求问题解决最佳方案，提升决策的科学化水平，为推进老旧小区提升改造提供动力。

居民反映集中的问题有小区后门坡道太陡，有些腿脚不好的居民曾在那里摔倒过；小区前门门卫室旁的荒地脏乱差，影响整体环境；存车棚破旧；小区地面部分新铺的地砖与旧地砖不相称，等等。针对居民反映的问题，社区组织各类专题协商会议讨论，又与区容委、区园林、区建委等部门和施工队沟通，优化提升改造方案。最终决定在原改造方案的基础上，增加了一些有针对性的新项目。比如小区后门坡道改造、门卫室旁绿地改造、新建纳凉场所、存车棚改造提升、地面由原计划的部分铺改为全铺。利用社区宣传栏将最终实施方案，在小区内及时进行公示，做到居民事务公开，扩大居民的知情权、参与权和监督权，以赢得居民的信任、理解与支持，确保小区提升改造工程顺利实施。

三、民主协商，凝聚共识

以居民需求为本，通过议事协商的方式，倾听居民心声，尊重居民意愿，畅通渠道、汇集民意、促进参与，进一步推进社区民主建设，保障居民权利。经过居民广泛参与，民主决策，达成共识，小区提升改造工程使居民真正享受到了实惠，受到了居民们的一致好评。小区旧貌换新颜，变得更加舒适宜人，居民出入便捷，小区环境变得优美，设施更加人性化，居民满意率较高。

在提升改造尾声阶段，有的居民想要补漏改造室内基础设施，或是反映改造过程中出现的问题，社区工作人员主动入户查看，然后与居民们进行议事协商，积极与区改造指挥部协调，为居民争取补漏机会，帮助居民解决问题，力争将政府为民服务的好事办实、办好，保证了小区提升改造工程惠及更多的居民群众。经过居民委员会、居民、施工方的共同努力，福厚西里小区成为首批验收合格的小区。

四、议事协商，解难良方

施工中遇到的任何问题，居民委员会、施工方、居民群众都要商量着办，即使一条再普通不过的道路也能整修得近乎完美，得到了群众的赞扬。老百姓的满意就是对社区工作的最高评价。议事协商，老百姓的事情让老百姓自己参与进来，是福厚西里社区为民干实事的基本方法。社区领导也从中体会到："议事协商有效果，让老百姓满意，我们以后做事就要坚持这种工作方法。"

习近平总书记指出，社会主义协商民主在我国有根、有源、有生命力，是中国共产党人和中国人民的伟大创造。对社区治理而言，建立健全社区居民议事协商制度是推进居民自治工作，提升社区建设管理水平的有效举措。在各项事关居民切身利益的事情上，切实加强对议事协商工作的组织领导，强化居民的主人翁意识，充分调动社区居民和驻社区单位参与社区事务决策的积极性和主动性，严格按照协商程序办理，做到不违背居民意愿，让参与者从中受益，进而发自内心地愿意参与协商。通过全方位地协商，集中民智，反映民意，在交流互动中消除误会和隔阂，最终达成共识。

社区"民主议事协商会议"，搭建起了与居民群众面对面沟通交流的平台，实现了社区与居民群众的零距离接触。社区实施"民主议事协商会议"以来，在有效地解决群众实际问题的同时，也增进了社区与群众之间的情感交流，逐步树立起社区可靠、可亲、可信的良好形象，为社区开展各项工作奠定了牢固的群众基础。

（作者单位：和平区南市街道福厚西里社区）

协商排民忧　拆迁不再难

李俊敏

西宁道社区位于繁华的南京路一侧，具有百年历史的西开教堂坐落于此。社区东至营口道、西至贵阳路、南到宝鸡东道、北到南京路，面积56430平方米；居民2014户，6289人。包括吉利花园、吉利经典、吉利杰座和继贤里四个小区，涉及16栋居民楼。

一、案例背景

2014年年初，西开教堂地区被列为和平区综合治理工程重点项目之一，在实施改造意见征询工作中，产生西宁道社区管界独山路、营口道等部分居民房屋征收给予的一次性奖励偏低等问题，个别居民就此夸大事实，甚至串通其他拆迁居民要求上访，给独山路、营口道地区的整体拆迁工作带来了困难。

二、过程做法

一是难解问题及时上会。在意见征询之后，社区党委及时召开"两委"工作会议，将发现的问题上会集中，逐户地进行了研究，按照情况逐一分类，将相同的户情、问题反映较为集中的住户集中起来，由社区专人负责，一包到底，直至问题全部解决为止。二是党委班子成员进行包户，将那些问题突出、反映强烈、影响极坏的住户逐一进行排查，逐一入户寻访，将了解到的问题及时向上级汇报，提出应对措施及解决方案，请求上级给予政策支持。三是充分发挥辖区人大代表"涉民意解难题"的促进作用，连续几次召集人大代表座谈，与居民代表面对面、心贴心，将部分居民房屋征收价格偏低等实际问题，委托人大代表为之呼吁，通过正当途径反馈问题。经过人大代表共同努力，最终将问题彻底解决，化解了拆迁中产生的矛盾。

三、取得成效

通过推行社区事务上会制，一是提高了事务决策、落实效率。工期从原计划的两个月缩短了一半，并未出现因拆迁而上访的事件。二是提高了社区工作的透明度和群众参与热情。决策社区事务时，人大代表、社区党委、居民骨干在事前、事中和事后广泛参与，提高了社区级事务管理的透明度。三是党群干群关系更融洽。社区事务民主管理机制更加规范，居民知情权、参与权、决策权得到了有效保障，使居民由不理解变为支持，由猜疑变为信任，以往由于社区事务不透明、沟通交流不畅等原因产生的干群隔阂和群众不理解的问题得以有效解决，进一步规范社区级事务决策的程序，理顺了社区“两委”班子与党员和居民在决策中的关系，使社区的事通过有效组织，让党员和群众共同参与决策，提高广大党员和居民群众的知情权、参与权、决策权和监督权，规范了居务行为、约束干部权力、保障居民权益，形成了“大家的事大家想、大家的事大家办”的好局面，党群干群关系更加融洽，进一步提升了社区事务民主化管理水平。

四、问题和打算

在拆迁过程中，有的个别居民对整体拆迁工作的意义认识模糊，对拆迁的内容不够清楚，对政府决策的程序不了解。出现了个别拆迁的单位参与监督工作不到位、工作不够扎实等问题，在一定程度上影响了党员、居民有序参与社区事务管理的主动性和积极性的进程。为进一步发扬基层民主，加强民主政治建设，扩大党员、居民有序参与社区事务管理，促进基层民主政治建设和党风廉政建设，今后需重点加强以下工作：一要明确含义。加大民主决策制度工作的宣传，加强相关人员的培训和学习，切实领会社区民主决策制度的具体含义，即对涉及大多数群众利益的重要问题和重大事项进行决策时召开“两委”班子会议，先由社区党委大会讨论，然后提交居民代表会议讨论；使广大居民在正确理解决策的基础上主动参与。二要明确内容。需要决策的主要内容包括：社区居民自治章程和市民公约，困难家庭评定，社区党委和上级领导部门认为应由社区组织决定的其他重大事项。在具体操作中，可结合实际，在确保“凡是讨论涉及大多数群众利益的重要问题和社区重大事项必须经过社区‘两委’班子会议，进行商榷研究”的前提下，对决策制涉及的内容分类细化，灵活掌握决策内容，确保基层民主得到全面落实。三要明确决策程序。对上社区“两委”班子会议的议题要做到七个步骤，分别为提出议题、初审议题、确定初步议案、征求意见、形成正式议案、形成决议和公布实施。程序要科学严谨，环环相扣，操作性强。在具体落实中，要分析存在的问题，确保民主决策制度执行不走样，群众权利有保障。四要切实做好监督工作。社区党委、居民委员会、居民议事协商会进行监督，社区党委成员、社区干部都有明确分工，各责任主体各司其职、各负其责，对实施决策工作中存在的问题及时反馈，在规定时间内作出明确的答复和处理结果。

以上案例反映了社区党委与居民之间的协商民主工作，充分发挥了社区居民委员会的职责以及党和政府联系人民群众的桥梁和纽带作用。在处理问题时，社区党委、居民委员会运用社会工作专业方法和技巧，征求居民意见、了解居民需求、传达社情民意、反映居民意见、化解群众矛盾，最终达到社区党员、居民对社区党委、居民委员会的支持与信任。

（作者单位：和平区南营门街道西宁道社区）

协商聚合力　治理脏乱差

赵秀萍

绵阳道社区北起宝鸡西道，东至昆明路，南至绵阳道，西至四平道、康定路。辖区面积 50625 平方米，共有 26 个楼栋、86 个楼门，常住户数 1650 户、常住人口 5775 人。绵阳道社区是老旧社区，人员密集，老年人、残疾人、困难家庭多。社区党委组织和广大群众直接参与到社区管理之中，社区事务由社区组织和居民自己提、自己议、自己管，充分发挥社区党组织的领导核心作用，切实发扬了民主，凝聚了民心。

一、社区现状

绵阳道社区多年来因市场小贩乱摆乱卖，环境“脏、乱、差”，居民出行困难，在区内外影响较大，虽经多次整治，但效果不大，老百姓怨声载道，深受其害。2014 年，区委、区政府决心对绵阳道地区实施综合治理。综合治理涉及绵阳道社区 9 栋楼、23 个楼门、339 户居民的切身利益，社区党委通过民主协商，组织发动广大党员、干部、居民群众，形成优势互补、资源共享、共建共议的强大合力，确保综合治理工作圆满完成。

二、过程与做法

社区成立志愿者服务队，多次召开居民代表大会、听证会、座谈会、恳谈会，发放致居民一封信，入户进行问卷调查，广泛征求居民的意见建议，最大限度地调动社区志愿者和居民的积极性，有针对性地做好解释和矛盾化解工作。

根据居民反映的实际情况，2014 年治理工程先后实施了排水设施改造、街景立面整修、管线切改入地、旧楼提升改造、环境绿化美化、社区商业设施改扩建等13项治理。整治过程中，相继遇到了清理占路经营、清拆违章建筑、施工扰民、困难群众安置4个难点问题。面对难题，社区工作人员没有退缩，迅速制定并实施解决协调办法。

在治理工作中，按照以块为主、条块结合、分片包干、责任到人的原则，实行“定人、定岗、定责”。对分管片内的低保对象、困难人员、军烈属、残疾人等群体做到情况清、底数明。做好情况排查、困难帮扶和思想情绪疏导工作。社区还专门设立了指挥部，共接待上访群众200多人次，接待集体上访10余次，涉及20多个问题，通过多次与相关部门协调沟通，为社区居民解决实际问题200余件，及时化解不稳定因素，确保工程顺利进行。树德楼1号楼紧邻紫阳路农贸市场后门（此次工程准备新开设的市场出入门）给这里的卫生环境及居民出行安全带来很大隐患，所以居民不同意在此开门。为了保证工程顺利进行和工程的整体效果，社区多次召开树德楼1号楼居民代表大会、座谈会及入户反复沟通，最后达成一致意见，在1号楼后外墙加装安全防护门。随着工程的不断进展，几次出现施工停工的状况。在区领导和相关部门的配合下，此项工程在几易方案后终于完成施工。

随着整治工程的不断推进，遇到了不少问题甚至难题，同样围绕与居民协商得到解决。2014年综合治理工作取得了初步成果，随之而来的就是社区停车管理问题。多年来外来车辆、商户车辆进入小区乱停乱放，居民车辆没处停放，小区秩序混乱，居民意见很大。为化解社区矛盾，合理使用社区有限资源，社区通过民主协商形式，研究具体工作方案。社区党委联合佳立洁物业、绵阳道综合管理办公室，开始对社区车辆进行规范管理。首先对小区私装地锁进行拆除，对住户车辆进行登记并下发公开信，召开居民代表听证会，就小区安装脱机蓝牙停车场系统及车辆管理向居民征求意见。禁止商户车辆进入小区乱停乱放，在小区门口安装停车场系统装置，由佳立洁物业对小区车辆进行统一管理，得到居民代表的同意。脱机蓝牙停车场系统安装后，由佳立洁保安严格管理，车辆停放有序了，小区环境变得干净整洁。

三、取得成效

一是提高了社区事务决策、落实效率。绵阳道地区综合治理从2014年2月10日施工队进驻到6月20日验收，为期4个月，整治效果突出。二是提高了社区管理的透明度和群众参与热情。决策社区事务时，居民在事前、事中和事后广泛参与，提高了对社区事务管理的积极性。三是党群干群关系更融洽。社区事务民主管理机制得到规范，居民的知情权、参与权、决策权得到了有效保障，居民对社区由不理解变为支持，由猜疑变为信任，进一步规范社区事务决策的程序，理顺了社区“两委”班子与党员和居民在决策中的关系，使社区的事通过有效组织，让党员和群众共同参与决策，提高广大党员和居民群众的知情权、参与权、决策权和监督权。

四、思考和启示

绵阳道地区综合治理在区、街道的共同领导下，充分发挥社区志愿者队伍的作用，通过社区协商民主处理社区事务，通过召开社区居民代表大会、议事协商会等多种形式，在大家的共同努力下，圆满完成综合治理工作。改造后社区环境整体面貌真正上了一个台阶，社区居民提升了满意度及幸福感。但长效治理的任务仍然十分艰巨，我们要继续加大群众工作力度，深化社区自治管理，着力解决绵阳道地区的热点、难点问题，努力让群众更满意。

社区民主议事倾听民意，关注民生，受到广大居民的认可。由于居民民主议事形成的决议具有广泛代表性，这一形式也为社区更好地实现居民自治搭建了平台，确保居民自治工作有序进行，畅通了群众意见表达，落实了居民群众主人翁的地位，形成了民主发展与群众支持良性互动的局面，促进了社区社会稳定，有力推动了社区各项工作的开展。

（作者单位：和平区南营门街道绵阳道社区）

民主协商顺民意　惠民政策惠百姓

梁盛林

一、情景再现

2014年6月30日上午，在社区会议室，63名居民代表参加了静园社区的年中居民代表座谈会。“小区内的粪便到底哪个部门能彻底解决?”“昨天我们小区又丢自行车了，这事谁管?”“我家汽车被划了，得想个办法管理一下。”大家你一言，我一语，显得很气愤。2014年12月30日63名居民代表又参加了社区年终居民代表大会。“梁主任，您还别说，自从安装了这14个监控摄像头，基本覆盖了小区，17个楼门的各个角落都能随时掌控，真是不错。”“这摄像头真好，安装以后，随地大小便的现象没有，居民代表以前提的种种问题都解决了，作为咱们静园社区的居民，我们真高兴，真正有了当家做主的感觉。”“感谢政府，感谢社区，没有想到，自己提出的事情这么快就解决了，真好。”

二、惠民政策

多年来，静园社区坚持做到全心全意为居民群众服务，把百姓当成家人，把群众的大事小事当成自己的事情去解决。凡是群众反映的问题高度重视，不拖延、不推诿、不懈怠，认真彻底解决，维护了社区的和谐稳定，提高了百姓的幸福指数。

2014年8月，劝业场街道召开了以“创宜居环境，取之于民，用之于民”为主题的会议。会议宣布了一项事关百姓的大事，就是政府每年给社区划拨10万元专项服务经费，社区可以通过居民代表大会讨论通过，经立项、审批后即可使用专项经费为民提供服务。

三、民主协商

2014 年 10 月，静园社区召开了“两委”班子会议，集中讨论解决居民提出的共性问题，其中社区治安问题是群众关注的焦点。经会议研究决定，将加强辖区成片小区的治安稳定列为下一步的工作重点，保障社区安全，安定民心。随后，社区组织召开了居民代表大会，社区主任将为辖区成片小区的 17 个楼门安装摄像头的计划与方案向居民代表进行汇报，与代表进行民主协商，经过讨论、商谈、表态、表决，安装摄像头的计划方案，得到了 63 名代表的一致赞同。会后，社区主任将此列为为民专项服务进行立项、申报，相关材料上交到上级部门进行审批。经审批同意后仅用一周的时间，14 个摄像头均已安装到位。

值得一提的是，社区以“畅通渠道、汇集民意、促进参与”为原则，通过民主协商，利用专项经费为 17 个楼门安装了 14 个摄像头，不仅消除了居民身边不安全的因素，还起到了提高居民自觉遵守社会公德的警示作用。有利于社会的良性发展；有利于社区的文明建设；有利于进一步推进基层民主政治建设；促进了社区治安管理由群治群防向综合治理稳步发展，保障了居民民主权利，扩大了居民的知情权、参与权、建议权和监督权。

自从为民专项经费开始使用以来，只要是居民提出的、与百姓生活息息相关的共性问题，工作人员都会详细地记录下来。随时召开“两委”班子会议研究制订方案，随后召开居民代表会议商谈讨论，严格按照相关规定申请使用为民专项经费，最后整理归档，进行公示，以备查看。

四、意义和启示

民主协商通过居民的积极参与、平等对话和理性沟通，实现集思广益，消除社区公共决策系统的封闭性、独断性，将多元化的利益诉求纳入制度渠道，提升了社区公共决策的民主性、科学性和合法性。推进基层民主协商是完善基层社会治理的迫切要求，是加强基层民主建设的有益探索，也是化解基层矛盾冲突的有效途径。

居民是和谐社区建设的主体，社区只有营造“人人关心社区建设、人人支持社区建设、人人参与社区建设”的氛围，才能最大限度地发挥居民在建设和谐社区中的主体作用。通过有效、公开、公平、公正的民主协商，积极化解社区内各类不和谐的因素，维护居民合法权益，从而充分发挥居民当家做主的优越性。循环式良性发展，有利于促进社区的物业管理部门、辖区企事业单位、社区党员、居民自主参加社区建设的能动性；有利于壮大社区的志愿者队伍；有利于发挥党员积极无私奉献的精神，促进社区稳定和谐建设。

（作者单位：和平区劝业场街道静园社区）

社区协商民主　居民自治管理

董洁　白兰

尚友里社区位于南京路以南，武昌道以北，东起长沙路、岳阳道，西至柳州路，楼门院数59个，常住居民1641户、4950人，是黄家花园的繁华地带，同时也是密集型老住宅区。

党的十八届五中全会提出，加强和创新社会治理，推进社会治理精细化，构建全民共建共享的社会治理格局。基层是社会矛盾集中凸显的关键环节，社区是基层中的基层，加强社区治理要适应新形势，将民主协商嵌入社区管理，大力发展基层协商民主。以探索社区民主协商善治新路径为突破口，拓展民主协商主体、明确民主协商内容、规范民主协商程序、运用民主协商结果，坚持做好事勤协商、遇难事会协商、办实事善协商，形成“党建引领、网格主导、多元参与、协商自治”的基层社会治理新格局，在社区民主协商善治中寻求公共利益的最大公约数，实现居民群众自我管理、自我服务、自我教育、自我监督。近年来，尚友里社区在五大道街道工委、办事处的领导下，按照区民政局“3456社区协商民主工作法”不断推进社区管理创新，建立起民主畅达社区工作的新机制。按照“一居一特色”的要求，始终致力于培养打造社区协商民主，居民自治管理特色品牌社区。

一、事事关心听民意

（一）老小区停车难，私装地锁惹民怨。尚友里小区是1976年唐山地震后建起的老居民区，没有专用的停车场。随着家庭拥有汽车数量的增加，停车问题日益凸显。为占地停车，社区发生14户居民私装地锁占车位事件，私装地锁占车位影响邻里关系，还会妨碍消防车辆进出，造成安全隐患，不少居民强烈要求拆除。

（二）旧楼区改造，满意中的不满意。天津市开始批旧楼改造，当时政府的改造方案中的一项是：要拆除居民自行将一楼小院搭建的小屋。但居民反映，1976 年地震后建的楼房，居住面积较小，多数居民都将小院搭成屋子用以住人，旧楼区改造要拆除居民私搭乱建的小院，会给居民的生活带来一些不便，因此在搭建小院的居民中意见很大。

二、声声入耳，协商议事聚民智

针对上述问题，我们采取协商民主的办法，上与政府协商，下与居民协商，有效地解决了一些突发事件和棘手问题，维护了广大居民的合法利益，同时也见证了党和政府在实施民心工程过程中，能够从实际出发，尊重老百姓的意见，更改实施方案。

（一）地锁问题的沟通过程：居民委员会与居民、物业沟通，调解居民与物业关系。面对突发情况，居民委员会感到硬性解决不是好办法，必须摸清他们安装的缘由和困难。于是居民委员会及时召开了有车住户参加的恳谈会，了解他们的想法。同时也召开了无车住户代表参加的恳谈会，听取他们的意见。居民委员会又组织小区物业人员和居民代表进行了夜查，摸清了夜间停车情况。在掌握一手资料的基础上，居民委员会组织召开了有小区物业主管、业主委员、居民代表参加的听证会进行研究，针对社区实际情况制定了小区车辆停放管理规定，要求居民自行拆除地锁，由物业门岗严格管理控制外来车进入。并将规定贴在小区大门口，得到大多数居民的拥护，多数居民自行拆除了地锁。对于一些仍有不同想法的居民，居民委员会没有强行拆除，而是讲明拆除地锁的道理，做深入细致的工作，最后地锁全部被拆除，维护了社区的和谐稳定。

（二）旧楼改造中一楼搭建小院的沟通过程：居民与居民委员会沟通，居民委员会与政府沟通。在召开居民听证会时，居民反映，20 世纪 70 年代地震后建的楼房，居住面积较小，多数居民为了解决居住困难，都将小院搭建成屋子用以住人，要求向政府反映能否不拆除，改成统一搭建。我们将调查了解的情况反映给旧楼改造指挥部，经研究，政府改变了原方案，改成“三统一”搭建。当时各家各户建的小院参差不齐，有豪华的、有简易的，达成统一依然困难重重，同时还存在二楼居民是否同意的问题。面对这一难题，社区进行反复的民主协商，统一大家思想，最后统一意见，最终完成了搭建的任务，受到居民的好评。

三、润物无声构建良性双向互动关系，打造善治社区

多年来，尚友里社区通过不断探索实践协商民主，居民自治管理，提高了居民自治管理能力，培养了一批志愿者、居民骨干，居民参与广泛，热情高涨，在创建美丽社区中发挥了重要作用，促进了社区的和谐稳定。

（一）为了保证协商民主落到实处，社区建立了民主听证、民情恳谈、民事协调、民主评议“四会”管理制度，开展了“民评事”“民评官”活动，保证居民在社区重大事务中的知情权、决策权。采取协商民主的方法与居民共商社区建设大事，从而解决了一些涉及居民切身利益的难事，例如，先后解决了旧楼改造中楼门更换上下水管道和原有社区内老人捡拾废品、垃圾乱堆放的顽疾。

（二）努力畅通居民诉求渠道。开办了社区议事厅、居民聊天室，让居民有话有地方诉说，化解了不稳定因素。过去居民有意见，发生了问题，不是找街道就是找政府。现在居民有问题就到聊天室来诉说，能解决的问题我们立即解决，解决不了的我们及时向有关部门反映，请他们协调解决，化解了矛盾，减少了上访，也理顺了居民情绪。

（三）居民自治管理延伸到楼门，完善居民自治组织基础，制定了楼院《居民公约》《楼院管理制度》等自我管理规则，在楼门推行“一长五员”管理。开展邻里互助服务，增强自我管理、自我服务的自觉性，使小的问题不出楼门，一般问题不出社区，为民主协商奠定了坚实的基础。

（四）开展“民评事”“民评官”活动，横向纵向进行协商民主。“双评”活动是和平区政府让老百姓为政府工作人员执政能力和水平投票打分的一项特色活动，也是为居民参与协商民主搭建的新平台。社区抓住这一契机解决难办的民生问题，先后协商解决老楼院安装暖气问题及辖区单位职工合理享受破产补贴事宜。调动了广大居民和辖区单位参与社区事务的积极性，初步形成了凝聚民心，共建和谐的良好局面。

（作者单位：和平区五大道街道尚友里社区）

协商民主民意畅　环境友好人和谐

王贵民

和平区五大道街道三盛里社区地处享有“万国建筑博览会”盛誉的五大道建筑风貌区，社区共有户籍居民2117户、6392人。三盛里社区辖区内房屋大都是老式小洋楼建筑，老年人居多，对社区依赖程度较高，为居民群众提供高效、廉洁的服务是社区工作的重中之重。为进一步提高社区为民服务水平，社区积极推进社区社会治理创新，形成了三盛里社区服务标准化特色品牌。使社区管理从粗放走向精细，社区工作从被动应对到主动服务，全面提升了社区工作的科学化、规范化、精细化水平。

社区工作落脚点是为民办实事，社区基层协商民主就是最好方法。社区的工作围着居民的事去干，政府放心百姓满意，用群众的方法做居民工作，百姓的事百姓说了算。让居民百姓通过协商民主参与办实事的工程，发挥了居民群众主人翁的作用，切实增强凝聚力和号召力，进一步理顺社区社工站与居民委员会的关系，完善制度、强化功能，形成横向到边、纵向到底、多元开放的社区服务体系。使社区工作由“垂直管理”向“区域整合”转变，社区设置由“单一性”向“全覆盖”转变，社区服务由“类型少”向“项目多”转变，社区工作由“独角戏”向“大合唱”转变。社区由传统的社区公共事务的“自上而下”模式逐渐转变为通过列出基层协商民主“内容清单”来确定协商议题，在社区协商民主实践中逐渐形成了“自下而上”的民主协商机制，把居民生活中迫切需要解决的难题作为协商议题，使社区内的协商民主更接地气，更具实效，同时也激发居民参与社区议事的民主氛围。

一、背景介绍

五大道地区集中供暖问题，是社区居民盼望已久期望得到解决的问题，也是政府民生工程之一。在2013年秋，三盛里社区完成了集中供暖全覆盖。五大道地区居民终于告别冬日烧煤炉子取暖的历史，纷纷拍手称快，终于可以不惧室外的严寒，室内20多摄氏度温暖如春，居民发自内心为政府点赞。

恰逢社区正在参加美丽社区创建，社区多数小区与院落都达到了环境干净整洁的标准。但由于新华路230号、232号是20世纪50年代兴建的职工宿舍楼，为老式筒子楼，居住空间狭窄，厨房由两到三家共用，每年冬季大家储煤存菜成为难题。居民为解决这些难题在院中建起了许多临建和储物间，从20世纪70年代开始储物间越建越多，越修越大，小煤池柴屋更是比比皆是，不但影响了居民出行，院落环境成为名副其实的“脏乱差”。社区一直想清整这两个院，限于居民的居住条件，始终无法实现。

二、实施服务

实现集中供暖是一个很好的契机，可以解决未供暖时造成的各种难题，如院内堆放的煤池子，存放东西的旧箱子，用来占地的破柜子、旧沙发，等等。社区先采取由网格员下户走访，向居民传达社区清整卫生环境的意向，了解居民群众的想法。白天无人时晚上入户，工作忙时闲时入户，共走访了常住居民69户，赢得大多数居民积极回应后，又适时召开楼院居民会议，以改善居住环境为主题征求居民意见，居民大多数同意拆除不用的煤屋。社区又召集有小煤屋、储物间、违章圈占的居民召开恳谈会，让居民充分表达自己的想法，中间想不通不配合的，但经过社区工作人员真诚耐心反复地做工作，最后大家意见基本统一。社区趁热打铁开始拆除清整。但在拆除过程中又出现出许多具体问题，如有11户居民将房屋出租，租房户无权签订拆除同意书。面对问题社区迎难而上，立即联系房主，并逐个约到社区做耐心细致的思想工作，用群众的方法做群众工作，动员党员、楼门院长及已拆除煤屋的居民现身说法，邻居之间见面聊天也把话题引到拆除违章圈占上来，社区工作人员与居民骨干齐心协力一起做通他们的工作。

三、服务成效

历时4个多月的时间，社区与居民多次开展工作，协商沟通，最终共同努力将延续40多年历史的39间违章圈占房屋全部拆除。看着宽敞的院落，平整的地面，居民露出笑容，社区环境旧貌换新颜，居民群众由衷地赞叹："社区居民委员会将老百姓的事放在心上，真心实意为我们干实事啊！"这项工作让居民享受到美好环境的同时，也让居民委员会赢得居民信任，便于日后开展社区工作。

四、总结与思考

社区在工作实践中深深体会到，"一切为了群众，一切依靠群众"不只是写在墙上的口号；"想群众所想、急群众所急"也不能只停留在口头上；"从群众反映最强烈、最需要解决的问题入手"也不能只是停留在想法上。实实在在地为群众办好事、办实事，就应该通过协商民主使居民表达诉求顺畅，社区上情下达明晰，社区与百姓融为一体和谐互动，这就是最好的工作方法，是切实解决服务群众"最后一公里"的有效措施。社区实行的标准化建立了一整套完整的长效管理机制，对群众关注的热点、难点问题，反映的民生问题，做到事事有答复，件件有反馈，及时解决了社区能够解决的问题，督办促办了政府职能部门可以解决的问题，切实解决了一些群众反映强烈的突出问题，做到事到社区结，矛盾不隔夜。协商民主使基础条件不理想的社区环境，成为环境整洁、人居和谐的天津市首批美丽社区，使社区荣获全国和谐社区建设示范社区、全国暖侨敬老先进单位、全国科普示范社区、全国防灾减灾示范社区、国务院侨法宣传角等荣誉称号，连续荣获市级文明社区、首批美丽社区、民主法治社区、离退休老干部服务四就近工作先进单位，模范职工之家、市级党员服务站示范点、市级党建工作示范点等十多项国家级和市级荣誉称号。

（作者单位：和平区五大道街道三盛里社区）

民主协商解决居民“买菜难”

王建强

解放路社区与海河为邻，坐落在和平区小白楼街道办事处辖区内，东至张自忠路，南至营口道，西至吉林路，北至张自忠路，面积0.29平方千米。辖区有楼房28栋、49个单元，有居民1080户、2436人，其中外来暂住人口150户、450人，空巢独居老年人350人、残疾人186人，共有居民楼院171个，社区单位将近140个。

居民住房多数是七八十年房龄的老楼，有的还上了“百岁”，辖区道路狭窄，供电、供气等设施陈旧。解放路社区只有两个小型的成片小区，其他楼门都是老旧的散片居民楼。

一、事由和背景

小白楼街道解放路社区地处市中心，以金融旅游业为主，周边生活设施不健全，特别是缺乏农贸市场规划，距离社区最近的长春道菜市场也即将面临拆除，公共服务设施不配套严重影响了社区居民的日常生活，造成老百姓生活不便。

解放路社区有老年人1420人，距离最近的菜市场将要拆除，另一家距离最近的大型菜市场则需要跨过海河或者骑自行车前往。社区内菜贩的蔬菜价格贵、种类少、质量差，同时还存在环境卫生不好管理的问题。

二、具体的协商做法

（一）通过“自下而上”的方式形成社区公共事务议题

解放路社区民情理事会充分利用民主协商的机制，经常下到辖区走访居民，了解社情民意，收集群众反映的热点和难点问题。依靠“自上而下”的议题“派发”机制，通过制定基层协商民主“内容清单”来确定协商议题，由政府来规定协商议事范畴。在这种传统的政府派单方式以外，在社区协商民主实践中也逐渐形成了“自下而上”的议题形成机制。

收集汇总居民所反映的问题和意见，形成社区公共事务议题。通过“自下而上”的社区公共事务议题产生机制，把居民生活中迫切需要解决的难题作为协商议题，可以使社区内的协商民主更接地气，更具实效，也能激发居民参与社区议事的内生动力。

（二）依托社区大党委，盘活传统议事资源

党建是个重要平台，通过社区大党委，联合周边单位共建共享，依托和平区委党校、和平区第二幼儿园、青年宫、房管站、小白楼街道经济办、区商务委等单位。盘活资源，在党建这个交流沟通平台上，进行协商议事，居民与社区单位的纠纷问题也得以在大党建这个平台上得到解决。作为社区居民反映强烈、迫切要求解决的“买菜难”问题，成了社区急需为居民解决的难题。而且随着人口老龄化的加剧，出行不便的老年人也越来越多，买菜难对居民生活的影响可想而知，社区公共服务建设既是社区居民委员会服务居民的具体体现，也是对广大居民期许的一个积极回应。

（三）加快社区民主自治进程，逐步实现社区居民自治

社区民主自治是社区建设和社区管理体制改革的根本目标和重要原则，自发的自治组织成为社区协商民主的重要平台。在社区党组织领导下，社区居民委员会应定期召开社区议事协商委员会会议。社区议事协商委员会会议应对社区内共同关注的大事进行协商、研究。通过共同协商和民主议事方式，使社区各方意见达成一致，共同解决社区建设中遇到的问

题，从而实现资源共享，共同推进社区建设事业的健康有序发展。在以社区自组织为基础搭建的协商民主议事平台上，围绕社区菜摊的引进，社区召开议事协商会议。社区议事协商委员会由社区党组织、社区居民委员会、居民代表、物业管理公司、驻社区单位等各方代表组成，经过实地考察、联系蔬菜种植基地，与居民反复协商，就蔬菜种类、蔬菜价格、菜摊环境卫生影响、摆放位置等问题共召开了三次会议，协商共议。

三、工作成效

在社区的牵头下，利用全市开展的“促惠上、办实事、解民忧”活动的契机，社区居民代表、小白楼街道经济办、区商务委，就社区菜摊的引进，公共服务的引进，进行了协商民主议事，会上各议事代表们争相出谋划策，经协商最终达成一致，联系选定了西青区丰邦蔬菜种植专业合作社。该合作社直供直销车顺利地进入到社区，每天在市民广场摆摊，为居民提供种类丰富、新鲜实惠的蔬菜、水产品、熟食等各种生鲜食品，方便了居民生活，解决了居民买菜难买菜贵的问题。社区居民都非常满意，夸赞民主议事会为居民办了实事，解了民忧，真正做到居民自治。

四、今后打算

社区议事会让人感到了居民自治的力量，居民的责任心和荣誉感也随之增强。社区议事会也提高了社区工作的办事效率，在社区的召集下，联合街道、居民代表、共建单位多方民主协商，是社区创新工作方式的一种体现，通过这样的形式，社区能够更好、更快地为社区居民提供精细化的服务，同时让社区居民更畅通地表达诉求，更直接参与管理，真正让居民体验更高效、温馨和人性化的服务，激发居民参与社区自我管理的热情。

今后关系到社区居民群众的重大决策，都要通过民主议事会的形式积极倾听大家的意见和建议，实行“民主协商、一事一议”居民自治机制，推进社区协商制度化、规范化和程序化建设。

（作者单位：和平区小白楼街道解放路社区）

凝聚群众智慧　助力小区改造

杨丽华

新兴街道朝阳里社区新河里小区始建于20世纪80年代，共有33个楼门446户居民，2015年3月24日至5月28日进行了提升改造工程。这次旧楼区改造工程内容多、难度大、时间紧、任务重，新兴街道注重发挥志愿者服务优势通过民主协商助力小区改造工程。在区委、区政府和工程指挥部的统一领导下，调动了各单位及社区居民的积极性保证了工程顺利完成。

一、聚民心征民意，前期工作有保障

新河里小区作为全国志愿者发祥地，一直受到各级领导的关心和重视。为保证小区改造后达到最佳效果，区各有关部门于2014年年底专门在新河里小区召开了“提升改造现场会”，广泛征求居民的意见建议。各级领导先后多次对工程进行调研，并对施工方案进行修改、审定。

（一）改造方案群众定

为把新河里小区及周边地区提升改造工程打造成群众满意的民心工程，新兴街道办事处开展了两次入户问卷调查，对小区居民提出的意见、建议进行汇总后，反馈给区有关职能部门。职能部门针对居民提出的意见和建议，根据小区的特点和实际情况，编制了小区旧楼区改造“效果图”。为使群众对改造效果看得见，在开工之前，区容委在新河里小区向社区居民展示了综合前期调研情况拟制的新河里小区提升改造效果图，并召开了现场咨询会，区容委、建委、房管局、市政、排水等部门工作人员为居民进行现场答疑。之后再次发放调查问卷，征求居民对效果图的意见和建议，同意“效果图”的人数比例达到92%。

（二）群众监督有话语权

为抓好小区及周边地区提升改造工程，由新兴街道牵头成立了以街道办事处主任为指挥长，区市容园林委、区建委、区房管局领导为成员的工程提升改造指挥部，聘请了6名居民代表作为监督员，全程参与工程的监督，定期向指挥部反映民意。

为确保工程按时开工。3月17日上午，副区长主持召开工程现场办公会。再一次听取街道、社区以及居民代表的意见和建议。相关职能部门对居民提出的23条意见建议逐项现场答复，对合理建议及时采纳，不能采纳的当场作出说明。

二、顺应民意，打造居民满意的民心工程

（一）民主监督，质量至上

为保证施工质量，指挥部成立了综合巡查督导小组，聘请居民志愿者当监督员，随时监督施工过程，杜绝不文明、不科学的施工现象，对质量不合格、不达标的责令立即停工、责令限期整改，并给予相应的处罚，保证提升改造工程成为优质的工程，百姓的放心工程、满意工程。

（二）注重细节，处处为民

每个施工阶段临时停水、停电、断路时，社区积极发挥志愿者的作用，采取提前张贴告知书、通知等方式告知居民，尽量减少施工对居民生活的影响，得到了居民的理解和支持。为解决施工过程中居民车辆停放问题，居民委员会及时与交管和平支队、联华停车场联系协调，制作发放了临时停车卡，既解决了居民停车问题，又确保工程顺利进行。

（三）化解矛盾，工作到位

采取街道干部与社区工作人员、小区楼长志愿者混合编组的方式，编成6个工作组，积极做好群众工作，协调解决居民与施工单位之间的纠纷；

并将居民的意见、建议，及时上报指挥部。在规范安装护栏期间，由于许多居民白天家中无人，工作组成员就利用晚上和双休日入户做居民工作。对不理解、有抵触情绪的居民，工作组成员反复、耐心细致地做思想工作，取得了良好的成效。工程期间工作组累计入户1670余次，电话沟通620余次。

（四）广开言路，群策群力

为把此次工程打造为居民满意的民心工程，社区广开言路，群策群力，积极倾听居民意见，聘请6名居民志愿者代表担任义务监督员，全程参与工程监督。先后5次召开居民监督员、居民代表协商会，就工程过程中出现的问题广泛征求居民意见，及时调整施工方案，力求达到居民满意。小区道路原方案为沥青路面，在根据居民要求采取“面包砖”铺装后，社区及时与指挥部和道路施工方研究，更改施工方案，满足了居民诉求。新河里小区1～5门同安道一侧泛水问题，前两次改造中都没有解决好。为解决此问题，指挥部与园林施工单位邀请居民志愿者参与方案研究，先后三次调整方案，直至居民完全满意后才施工。市体育局根据居民需求，及时更换调整了健身器材种类。以上种种举措，顺应了民意，得到了居民的认可。在提升改造工程中，通过民主协商，全面提升了新河里小区环境的功能性与参与性，突出了社区志愿者组织的发祥地、绿化丰富的休闲空间、完善配套的基础设施三大亮点，提升整体效果、提升生活品位。打造成了居民满意度、舒适度较高的综合型精品小区，使社区变得更加美丽和谐。

（作者单位：和平区新兴街道朝阳里社区）

多措并举共建共管　宠物便纸解决大烦恼

刘延征

干净的小区甬路旁、临街的护栏下，悬挂着几个裁成统一形状的饮料瓶，塑料瓶子里面放着一沓裁好的废旧报纸，瓶身上“宠物便纸”四个字赫然在目。这就是兴河里小区治理宠物粪便的一个小举措。通过一段时间的检验，“宠物便纸”盒对治理宠物粪便泛滥效果很明显。

一、背景介绍

兴河里社区地处和平、河西、南开三区交界，辖区面积0.08平方千米，辖区居民2512户、6372人，106个楼门，为准物业管理的纯居民区，住宅多为7层板式旧楼且人口密度大、老年人和中低收入者占多数。随着天津市旧楼改造工程的深入，兴河里社区的面貌大为改观，但还存在诸多需要解决的公共事务。

为了有效地解决社区事务，满足群众对公共事务、热点话题参与的现实需求，畅通群众的民主诉求表达的管道，健全民主议事协商机制，让老百姓在表达和参与中通过协商实现利益诉求，使民情有人听，民意有人知，促进基层决策科学化、民主化，兴河里社区居民委员会通过值班接待、网格化管理入户走访、召开居民大会和社区议事协商会等形式，倾听居民呼声，开展议事协商活动，组织居民参与社区建设、共创美丽社区。

2015年12月10日，兴河里社区志愿者协会会长、社区网格信息员王淑琴收集居民意见后向居民委员会提出：小区内宠物粪便太多，影响居民出行，已成为居民十分头疼的问题，请居民委员会帮助解决。

居民委员会工作人员接到反映后，对近期群众反映的问题进行了梳理，发现宠物粪便问题确实是焦点问题之一。

宠物粪便的存在既影响小区卫生美观，又使居民出行战战兢兢，带来不便，如果不慎踩踏，有摔伤的危险。遇到高温天气，粪便便散发出难闻的味道。另外，粪便中经常会有弓虫、绦虫、吸虫、线虫等寄生虫，也易滋生大量致病细菌，很可能将各类疾病传播给免疫力较低的人。幼儿玩耍时如果不慎接触宠物粪便，会对其健康带来危害。犬粪长时间未处理，风干破碎后，容易形成粉末飘在空气中，一些生存能力强的致病细菌会附在粉末上，顺着呼吸道进入人体内。遇到雨雪天气犬粪还会随着雨水进入河流及地下水道，从而通过饮用水和农产品危害人体。宠物犬在草坪随地便溺，很多人误以为犬粪可以增加草地肥力，事实上粪便如果不经发酵非但不能使草坪肥力增加，反而会因后期在草皮中进行发酵和分解产生大量热量和有机酸等有毒物质，使草皮被灼伤或被有毒物质侵害，因此及时清理犬粪显得尤其重要。

其实，居民向居民委员会反映宠物犬粪便多、个别养犬人对自己的宠物管理散漫时，工作人员都及时与相关部门进行沟通，希望加强对养犬者的管理，可效果并不明显，居民对此很不满意。但工作人员没有其他有效的解决方法，于是决定召开以宠物犬粪治理为题的议事协商会议。

二、议事过程

兴河里小区居民委员会召集社区议事协商委员会成员、社区楼长骨干和义务巡逻队员召开社区议事协商会。在此次会议中，社区居民委员会主任专门将居民提出的小区宠物犬粪便多的问题交由各位居民代表讨论解决。与会人员就此问题踊跃发言、献计献策、沟通协商。有的说“让派出所民警入户，对有宠物的居民进行宣教。”有的说“在每个楼门张贴温馨提示，提示居民爱护环境卫生，管住自己的宠物。”有的建议发挥治安巡逻队的作用，对出来遛宠物的居民进行管理。虽然大家对治理宠物粪便有着统一的目标，但是对采取何种方式方法却无法达成一致意见，因为每一种方法都无法保证长效治理，而且在实施过程中有很多弊端。会议时间过长，不得已，居民委员会决定第二天召集大家再讨论。

会后，社区居民委员会主任一班人到居民家中，广泛了解居民对此事的看法，并征求解决办法，在同为社区网格信息员胡润芝的家中，胡姨老伴儿的一句话提醒了大家，“有的出来不带东西，你给她准备点纸不就行了。”社区工作人员又和胡姨进行深入探讨，觉得在小区内建几个宠物便纸盒，给有需求的居民提供方便，应该能缓解宠物粪便的问题。

在第二天的讨论中，胡润芝的建议得到了大家的一致赞同——在小区内设立“宠物便纸盒”，大家还就宠物便纸盒的样式、投放点位、投放方式、投放频次进行了认真讨论，并形成了具体的实施方案：措施一，在小区内设立“宠物便纸盒”，为有宠物的居民提供方便。具体方案是：在宠物粪便较多的小区楼栋信报箱旁及甬路旁的建筑物避雨处设置“宠物便纸盒”。制作宠物便纸盒的材料为大容量废旧塑料瓶。宠物便纸盒管理的责任主体是兴河里居民委员会，并委托社区义务巡逻队具体实施。措施二，加强文明养犬宣传，在楼门内张贴温馨提示。措施三，开展专项志愿服务活动。义务巡逻队员在每天的巡逻中，对“宠物便纸盒”点位进行巡查并及时补充纸张，遇不文明养犬行为，巡逻队员有义务及时劝阻。

三、实施过程

议事协商会议结束的第二天，居民委员会工作人员和志愿者们就收集合适的废旧塑料瓶，加工成美观实用的容器，并在瓶体贴上统一打印的“宠物便纸”标识，用尼龙绳固定在宠物便纸盒指定投放点位，又将废旧报纸裁成 A4 纸一半大小放入盒中以备养宠物者取用，并不定期组织人员再多裁出一些纸放在社区居民委员会办公室固定点位备用。此后，巡逻队员每天按照方案要求，巡查并补充纸张，并劝阻不文明养犬行为。

居民委员会工作人员印制百余份《文明养犬温馨提示》，张贴在社区每个楼门，呼吁人们自带工具处理宠物粪便。

社区综治主任在每天巡逻队员到社区报到时都敦促社区义务巡逻队员维护“宠物便纸盒”并和志愿者一起巡视。

四、取得成效

通过近半年的运行，设立“宠物便纸盒”的作用明显，维护“宠物便纸盒”已经成了社区义务巡逻队员的日常工作和自觉行动。设立“宠物便纸盒”的小区甬道宠物粪便明显减少，居民对此感到满意。通过这件事情，志愿者们对社区事务更加关注了，更愿意到居民委员会来参与议事协商了。此后居民委员会又牵头召开了关于治理楼内小广告、疏通消防通道等议事协商活动，都取得良好效果。

五、点滴感悟

俗话说“居民利益无小事”，依靠社区力量、依托社区资源、强化社区功能、完善社区服务、解决社区问题是居民委员会工作人员应该具备的能力。由社区居民委员会组织居民自治，实现自我管理、自我服务、自我教育是大势所趋、人心所向。通过共商共议、共建共管，促进了社区政治、经济、文化、环境协调和健康发展，提高了居民参与社区建设的积极性和主人翁意识，形成共同维护社区公共秩序，共同创建美丽社区的良好局面。

（作者单位：和平区新兴街道兴河里社区）

协商民主显成效　下水管道改造解民忧

张　宏

近年来，我们深入贯彻和平区委、区政府提出的“三会四型五重点六支队伍为骨干”的协商民主新做法，通过定期召开议事协商会、民主恳谈会，为居民群众解决了很多与百姓生活息息相关的实际问题。成都道、瑞星里小区下水管道改造工程的案例，在建设美丽社区和谐楼门方面，通过发挥楼门支部、积极分子和居民委员会不坐班委员的作用，使他们通过自己的热情与精神去凝聚群众，同时也让党员通过实际行动发挥表率作用，促进社区各项工作全面上升。

一、背景介绍

新兴街道土山花园社区是2009年年初由土山社区和设计里社区合并而成，坐落在新兴街东南部，以贵州路、西康路、岳阳道、宜昌道为界，辖区有16个小区，共有居民2780余户、近9000余人。社区管辖的成都道173号、175号、177号楼及瑞星里小区建于20世纪40年代，产权较为混乱，且多为伙院用住房。2015年10月，和平区开展公众评议活动，成都道177号楼的林女士反映：成都道173号楼至177号楼、瑞星里小区修建多年，管道老化，地下水道经常堵塞，一两个月就要疏通一次，影响居民的正常生活。疏通时产生的粪便需从自己家中通过，给自己的生活带来极大的困扰。多年前房管站也曾维修过，但未能彻底解决问题。2016年年初，社区经过多方调研、多方联系，决定通过以社区议事团为主导，各楼门志愿者代表广泛参与的基层民主协商议事格局，着力解决小区自治管理中的焦点、难点问题。

二、主要做法

（一）建立征求意见制度

社区要办的事大家提。民主协商会议议题在社区党委指导下，积极探索发动群众、凝聚群众的新路子。凡是社区涉及居民切身利益的重大事项，由社区居民群众自己提出。经过社区“两委”班子讨论后，及时反馈给意见提出者，做好政策解释工作，争取居民理解。民主协商会议议题一般围绕区、街道及社区中心工作，通过定期征求社区民情民意，协调解决居民群众在日常生活中的热点难点问题。

（二）建立讨论表决制度

社区要办的事大家议。对形成的各项预案，由社区居民委员会党员深入责任区群众家里，广泛征求意见。在此基础上，社区党支部组织召开党员大会，党员代表责任区群众陈述意见建议，并对预案投票表决。对于居民意见突出、党员分歧较大、党员建议票未达到到会党员半数被取消的预案，要对提出议题的居民做好解释工作，有些难题再由各楼门志愿者负责人充分讨论后，进行表决，形成决议，提交下次会议讨论表决。

针对林女士反映的下水管道问题，社区党支部组织召开党员大会，并邀请房管站负责同志与所涉住户召开协商会议，同时发放调查问卷，了解大家的所思所想。对收集的意见和建议进行投票表决。通过问卷调查，居民们纷纷提出自己的意见及为难之处：底商餐馆不愿因施工而耽误营业；装修过的家庭不愿破坏地面改变装修装饰；常年在外的居民无法回家配合施工；低保残疾家庭更是以家中管道正常为借口而不愿配合施工。

协商会后，社区引导楼门党员、楼长、网格管理员等居民志愿者召开楼门议事协商会，分别对各自楼门中的不同意见进行总结沟通、协商调解。社区主任与志愿者们对症下药，劝说底商餐馆配合小区施工，协调施工部门尽最大可能缩短施工时间；对于低保残疾家庭，社区主任和志愿者们亲力亲为，在其家中搬挪家具打扫卫生，照顾三餐饮食，为施工做好一切准备。

做好前期准备后，社区联系楼门院长和志愿者们再次召开民主协商会，询问居民的实际困难。最终，此次更换下水管道所涉及的30余户居民全部同意刨开地面更换下水管道。这项工程的圆满完成，解决了多年来居民意见最大、最希望解决的下水管道问题，同时更换了新的化粪池。施工期间居民们积极配合，留出施工所需作业空间，将屋内妨碍施工的物品搬出。房管站也在施工结束后将拆除的部分墙面和地面恢复原状，达到了让居民满意，社区工作也取得预期的双重效果。

三、工作成效

通过此次事件，一是增强了社区居民的凝聚力，发挥了楼门长和志愿者们的先锋作用。二是践行了党的群众路线，解决并做好了服务群众“最后一公里”的问题。让居民群众共享社区建设成果。三是促进平安建设、“保民”服务。社区建立司法调解室，成立社区警务室，司法和公安等单位的入驻帮助社区化解各类矛盾纠纷。通过此次事件的顺利解决，更加凸显了基层民主协商与社区居民自治机制的重要作用，党员代表、楼门院长、居民代表发挥自己对居民了解较多、工作针对性强的优势，在邻里间不断增强通过民主协商，依靠群众解决民生问题的能力。同时通过民主协商与居民自治的方式也增强了社区居民委员会工作的时效性，让更多的居民从中受益。

（作者单位：和平区新兴街道土山花园社区）

民事民议民决　共筑和谐家园

辛凤英

新兴街道新兴南里社区共有自然居民小区 5 个，楼房 23 幢 118 个楼门，纯物业小区 2 个；辖区常住居民 2693 户、6913 人；下设居民小组 17 个，设有议事协商委员会，委员 13 人。在社区居民的共同参与下，社区居民委员会严格按“三会一站”的管理运行模式规范社区工作，以党建为龙头，坚持民主集中制，定期召开社区党建联席会，共商社区建设和发展；通过半年一次的居民代表大会，接受居民的测评，征求居民意见和诉求，体现民主监督的社会职能；定期或有重大事件召开议事协商会，充分体现民主参与和民主决策，百姓的事由百姓商量着办，形成“民事、民议、民决”的良好氛围。

一、背景介绍

“听老百姓说话、为老百姓谋事、使老百姓得益、让老百姓满意”，是新兴南里社区在打造“温馨和谐”型社区品牌过程中，一直遵循的原则。多年来，社区在如何有效发挥协商民主在和谐社区建设中的作用，充分调动社区居民参与社区自治管理的积极性上进行了有益的探索。

走进迎春里小区 1 ~5 门，映入眼帘的是干净整洁的楼院，楼道窗明几净，干净整洁，每层楼道洁白的墙面上都贴着格言和宣传画，窗台摆放着一盆盆鲜花、楼梯扶手一尘不染，小广告在这 5 个楼门基本绝迹，“社区是我家，建设靠大家”已经成为小区居民的共同心声。

迎春里小区 1 ~5 门连续多年被区、街道评为和谐文明先进楼院。在楼门长的带领下，居民团结、互助、友爱；楼里的卫生在楼长们的号召下维护得非常好，成为安静、干净、和谐的楼院。为了保持楼道内的卫生清洁，大家都会轮流清扫和维护。为了清雪，迎春里1门的老干部刘金印自己买了推雪板，方便每次下大雪后与大家一起清扫。在旧楼改造过程中，全院居民更是齐心协力最早安装了总表，安装了楼道灯，更换了燃气主管、下水管道。邻里之间相互帮助，相互配合，总能使楼里的困难迎刃而解。小院的居民骄傲地说："进了迎春里1~5门，感觉就像进入了一个温馨的花园。"

由于沙市道道路狭窄，曾经在沙市道与西康路交口发生过一起恶性交通事故。2013年4月，在群众的呼吁下，沙市道整修扩宽道路的工程开工了。作为政府民心工程本来是一件大好事，可是这样一来，一些本来停放在路边的车辆就开进了迎春里小区1~5门，有些是院里居民的，有些是附近单位的，原本整洁的小院变成了停车场，院里的老年人出门要从一辆辆的汽车缝隙里绕过，孩子们也没有了活动的空间，本来和睦的邻居也因为停车抢位置发生了矛盾，附近单位的车主根本不听劝阻，执意要把车停进小院，这种情况对居民的出行造成了严重影响，也危及了小院的公共安全，造成了邻里关系的不协调，亟待解决。

二、过程做法

（一）权为民用，依照民意决策

社区居民委员会委员曹姨是迎春里4门的楼长，她和5门的楼长、党员志愿者陈大爷，看在眼里，急在心里，于是他们一起向社区"两委"反映了小院的停车问题，并提出了酝酿已久的解决方案。社区党委书记立即与领导班子成员商议，召开议事协商会议，集思广益寻求最佳解决方案。

（二）事由民议，倾听群众心声

社区"两委"班子成员、社区议事协商会委员、1~5门的楼门长、小院部分党员及居民志愿者、居民代表，就停车进院形成安全隐患问题召开了议事协商理事会。会上，曹姨和陈大爷阐明了观点并提出预案：1. 为了安全起见，建议把小院大门一侧上锁，平日只打开一侧，只能通过行人和自行车，禁止外来车辆进院停车，小院居民也不例外。2. 实行后，由小院居民进行自治管理，门锁钥匙由各门楼长掌握，如楼里居民搬家、有病人外出等特殊事情时，找楼长及时打开大门。参会全体人员全部认为这个方案可行，但是还得征求小院90户居民及车主的同意，会议决定由网格负责人和社区工作人员与楼长一起征求各户意见，再作决定。

(三) 责有人担，着力解决问题

议事协商会后，社区工作人员和楼长一起入户做工作。绝大多数居民都拍手称快，觉得这个方案很好，但部分有车家庭则不能接受，原因是附近停车场费用太高，在外随意停放则可能被罚款。但是经过居民委员会工作人员和楼长动之以情、晓之以理的劝说后，车主们表示自己想办法解决停车问题。功夫不负有心人，经过两天的走访，全体居民都同意此方案。

(四) 依靠群众，做好长治久安

经过大家的共同努力，方案可以实施了，事不宜迟，经议事协商会决定于5月31日在小区召开楼门居民现场会议，并将任务细化分解，落实责任人，各负其责，居民委员会负责制作布标，打印通知，门锁由各楼门集资购买。

三、实施效果

5月31日，社区居民委员会工作人员在小院内悬挂“社区是我家，建设靠大家”的横幅布标，由居民委员会委员曹姨宣读了禁止进院停车的通知，党员志愿者陈大爷和老干部刘大爷及其他楼长把禁止停车的制度通知贴到小院门口，并将大门上了锁，钥匙分发给5位楼长保管，大家共同监督执行。

此后，迎春里小区1~5门环境干净整洁，温馨和谐，居民和睦得像一个大家庭，通过民主协商自治，小院居民受益颇多，小区也成为当之无愧的文明、和谐楼院！

四、工作体会

以前对居民反映的问题，居民委员会总是“有心无力”。现在居民的事自己提、自己议、自己做主、自己办，充分发挥了居民的力量，很多困难迎刃而解。面对小区居民热点难点问题，社区深深体会到，协商民主议事机制畅通了民意诉求渠道，社区的骨干力量、志愿者、党员在解决问题当中发挥了决定性的作用，他们一心为群众着想，从而促进社区工作者不断提高服务群众的能力和水平，形成了和谐社区人人有责、美丽社区人人共享的局面。

（作者单位：和平区新兴街道新兴南里社区）

聚微善之行　汇社区大爱

闻采亦

新兴北里社区坐落于新兴街北部，占地面积0.09平方千米，常住1433户、3872人，有自然小区6个，辖区内单位较少，老年人居多，是典型的以居民住户为主的老旧小区。多年来，社区充分发挥居民代表大会、社区议事协商会和社区居民委员会的职能作用，共商共议社区各类事务，以建设和谐社区为宗旨，以安排好困难群众的生活为目标，以社区内老、弱、病、残、孤等困难群体为主要帮扶对象，通过民主协商，发动社区党员、志愿者和积极分子多方参与，形成合力，共建美丽社区。

一、背景介绍

针对社区的主要特点，社区居民委员会积极探索做好帮扶社区困难群体工作，定期召开民主协商会议，广泛征求广大居民在开展帮扶活动中的意见和建议。在一次例行民主协商会议上，参会代表们列举了社区内几个困难家庭的具体生活状况，并详细分析了他们在生活中遇到的各种难题，参加会议的代表提出了各自不同的帮扶办法和意见，最后经过与会成员的讨论与表决，社区决定成立“仁爱慈善微捐资金”平台。资金来源为居民捐助，建立此项资金的主要目的，是为了让困难群体家庭在突发困难的情况下能够得到及时帮助，从而解决他们的实际困难。平台成立后，资金台账由专人负责，工作人员会对每一次的资金支出方向进行协商，在成员多数同意的情况下再进行支出。捐助后，公布突出捐助爱心人士名单，并对资金支出情况进行说明。

二、主要做法

居住在气象东里的居民魏某，是名下岗职工，他和妻子、孩子以及年迈的父母，一家五口人居住在一个单元内，魏某的父母相继患脑梗瘫痪在床，他的妻子也被检查出患有尿毒症，小魏白天要照顾三个病人，晚上还要出去打工维持生活。居住在宜昌北里的王某是单亲母亲，自己的孩子也得了尿毒症。大学毕业后的女儿还没有正式工作，王某每周三次带着孩子去医院做透析，后续治疗还得需要大笔的资金。

社区决定帮助他们两家渡过难关。在居民委员会的组织下，召开了以帮扶解困为主题的民主协商会。会上，社区居民委员会主任介绍了两家的具体情况，提议借助社区“仁爱慈善微捐资金”平台，发动居民为他们捐款，同时广泛征求大家的意见建议。经民主协商，制订了相应的方案。首先由社区居民委员会张贴倡议书，号召居民伸出援助之手，发挥互助、友爱的精神为困难家庭捐款。社区工作人员还利用网格入户走访将民主协商会的提议在居民中广泛宣传，得到了居民和社区单位的大力支持。

大家纷纷表示要尽自己的微薄之力让困难群众渡过难关。根据民主协商会议的提议，社区开展了针对两个困难家庭的“仁爱慈善”捐助活动。活动当天社区各方人士纷纷来到现场积极捐款，少则几十元多则上百元奉献自己的爱心。当日捐款 7470 元。经会议研究决定，对两个困难家庭每户给予 3000 元资助，余下的资金继续留存备用。

三、工作成效

通过成立“仁爱慈善微捐资金”平台，使广大居民参与到社区慈善善行善举活动，大家尽己所能奉献爱心、积累爱心、关爱身边的人。“仁爱慈善”微捐活动把社区党委和居民委员会及社区居民的关爱和温暖送到了困难家庭中。两家居民均表示，感谢社区党委、居民委员会及社区居民，将来一定会尽自己的能力来回报社会。

“仁爱慈善”微捐活动，让居民之间从互不了解、缺乏沟通，到相互熟悉、增进情感，体现了邻里情和友爱、团结、互帮、互助的精神。通过微捐活动的开展，拉近了居民与社区之间的距离，使居民从原先对社区工作的有些陌生和不了解到愿意向社区表达需求、吐露心声，增强了居民对社区的信任感和归属感，同时也提高了社区的凝聚力。此项平台的成立，也体现了民主协商在和谐社区建设中的作用。“仁爱慈善微捐资金”的成立为社区居民搭建了民主平台，鼓励居民参与民主管理、民主协商，推进社区民主自治，使居民能够参与社区公共事务的协商工作，表达自己的需求和心声，虽然社区在民主协商中取得了一些显著效果，仍要积极引导社区居民，搭建民主平台，鼓励居民积极参与民主管理，提高参与意识，扩大居民参与的广泛性。

协商民主的核心，就是“民事、民议、民决”，百姓的事由百姓商量着办。由基层党组织牵头，社会各方协作，居民群众监督，使基层协商民主达到“协商+办理”的实际效果。为了更好地发挥民主协商的作用：首先，先对居民群众提出的意见建议进行梳理和汇总。其次，通过民主协商，对梳理的意见和建议找出相应的具体解决办法。最后，把民主协商的意见转化成具体实施的步骤。切实形成从民主协商、提出建议到监督落实环环相扣的工作链条，确保协商成果的落实。

（作者单位：和平区新兴街道新兴北里社区）